SÉRIE INCLUSÃO ESCOLAR

REGIANE BANZZATTO BERGAMO

EDUCAÇÃO ESPECIAL
pesquisa e prática

EDITORA
intersaberes

Av. Vicente Machado, 317 . 14º andar
Centro . CEP 80420-010
Curitiba . PR . Brasil
Fone: (41) 2103-7306
www.editoraintersaberes.com.br
editora@editoraintersaberes.com.br

Conselho editorial • Dr. Ivo José Both (presidente)
Drª. Elena Godoy
Dr. José Raimundo Facion
Dr. Nelson Luís Dias
Dr. Ulf Gregor Baranow

Editor-chefe • Lindsay Azambuja

Editor-assistente • Ariadne Nunes Wenger

Editor de arte • Raphael Bernadelli

Análise de informação • Silvia Kasprzak

Revisão de texto • Filippo Mandarino

Capa • Denis Kaio Tanaami

Projeto gráfico/diagramação • Bruna Jorge

Iconografia • Danielle Scholtz

EDITORA AFILIADA

Dados Internacionais de Catalogação na Publicação (CIP)
(Câmara Brasileira do Livro, SP, Brasil)

Bergamo, Regiane Banzzatto
  Educação especial: pesquisa e prática / Regiane Banzzatto Bergamo. – Curitiba: InterSaberes, 2012. – (Série Inclusão Escolar).
  Bibliografia.
  ISBN 978-85-8212-161-0

  1. Educação especial – Estudo e ensino 2. Pesquisa 3. Prática de ensino I. Título II. Série.

12-08046   CDD-371.907

  Índices para catálogo sistemático:
1. Educação especial: Estudo e ensino 371.907

1ª edição, 2012.

Foi feito o depósito legal.

Informamos que é de inteira responsabilidade da autora a emissão de conceitos.

Nenhuma parte desta publicação poderá ser reproduzida por qualquer meio ou forma sem a prévia autorização da Editora InterSaberes.

A violação dos direitos autorais é crime estabelecido na Lei nº 9.610/1998 e punido pelo art. 184 do Código Penal.

Sumário

Apresentação 7
Organização didático-pedagógica 9

1 A importância da pesquisa para a prática profissional em educação especial 11

2 A diversidade humana e o espaço escolar 21
- Sala de aula: que espaço é esse? 23
- Escola: que espaço é esse? 25

3 Educação especial: das primeiras concepções até a atualidade 33
- Um breve resgate histórico 34
- O movimento de integração 37
- A educação especial inclusiva 40

4 Dimensões das práticas pedagógicas inclusivas 53

- Práticas pedagógicas: escola 54
- Práticas pedagógicas: professor – desenvolvimento profissional 59
- Práticas pedagógicas: professor – currículo e adaptações curriculares 62

Considerações finais 87
Referências 89
Bibliografia comentada 95
Respostas 99
Sobre a autora 103

Apresentação

O tema de Educação especial: pesquisa e prática objetiva orientar os profissionais e os estudantes de Pedagogia, curiosos e interessados em atividades de investigação da prática pedagógica em escolas de ensino fundamental e educação infantil, especificamente com alunos que apresentam necessidades educativas especiais.

No primeiro capítulo, discute-se a importância da pesquisa para a construção do conhecimento em educação especial, tendo em vista os fundamentos filosóficos e teóricos da inclusão. O segundo capítulo tem como objetivo uma reflexão a respeito da natureza humana em sua complexidade na pessoa do aluno e do professor e a tessitura pedagógica desencadeada no cotidiano educativo no contexto atual.

O capítulo seguinte aborda, de forma breve, a contextualização histórica da educação especial, seus fundamentos históricos e legais e a concepção de educação inclusiva com vistas a ressignificar a prática educativa ao reconhecer-se a necessidade de um espaço de educação que atenda a todos os alunos, indiscriminadamente. Por fim, o último capítulo discute a gestão escolar, o desenvolvimento profissional do professor e o currículo como fator de mudança para atender à diversidade dos alunos, para gerar respostas aos desafios educativos de uma escola de qualidade para todos.

Este material representa uma contribuição para o processo de formação profissional do futuro professor, pois objetiva valorizar a prática da pesquisa como atividade necessária para revisar as propostas educativas adotadas nas instituições de ensino na atualidade e estimular o espírito inquisidor a responder aos questionamentos que surgem no interior das escolas. Portanto, o aluno de Pedagogia, pesquisador, apresenta-se, simultaneamente, em processos de aprender a aprender e de aprender a saber pensar.

Organização didático-pedagógica

Este livro traz alguns recursos que visam enriquecer o seu aprendizado, facilitar a compreensão dos conteúdos e tornar a leitura mais dinâmica. São ferramentas projetadas de acordo com a natureza dos temas que vamos examinar. Veja a seguir como esses recursos se encontram distribuídos na obra.

Síntese

Você conta nesta seção com um recurso que o instiga a fazer uma reflexão sobre os conteúdos estudados, de modo a contribuir para que as conclusões a que você chegou sejam reafirmadas ou redefinidas.

Indicações culturais

Ao final do capítulo, a autora lhe oferece algumas indicações de livros, filmes ou *sites* que podem ajudá-lo a refletir sobre os conteúdos estudados e permitir o aprofundamento em seu processo de aprendizagem.

Atividades de autoavaliação

Com estas questões objetivas, você mesmo tem a oportunidade de verificar o grau de assimilação dos conceitos examinados, motivando-se a progredir em seus estudos e a preparar-se para outras atividades avaliativas.

Atividades de aprendizagem

Aqui você dispõe de questões cujo objetivo é levá-lo a analisar criticamente um determinado assunto e integrar conhecimentos teóricos e práticos.

Bibliografia comentada

Nesta seção, você encontra comentários acerca de algumas obras de referência para o estudo dos temas examinados.

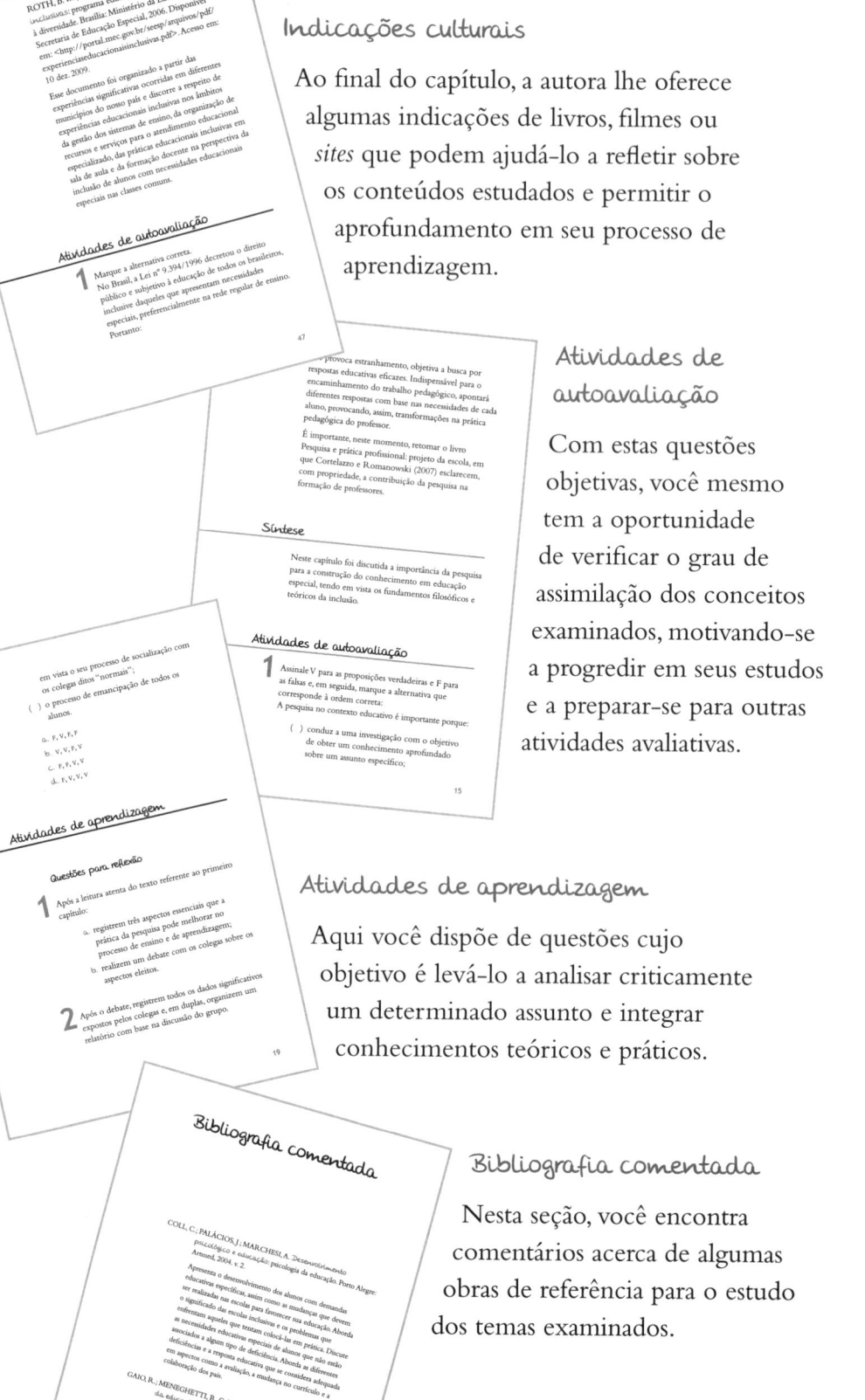

1
A importância da pesquisa para a prática profissional em educação especial

A pesquisa em contextos educativos constitui em si mesma uma prática instigante, uma vez que permite inúmeras reflexões em torno dos aspectos pedagógicos, administrativos, políticos, filosóficos, entre outros, que compõem uma instituição escolar, mais ainda quando está atrelada à pesquisa do trabalho pedagógico voltado aos alunos com necessidades educativas especiais no ensino regular. É importante ressaltar que, sem pesquisa, não há ciência, pois esta se fundamenta em avanços comprovados. Se não há como provar, é porque não é ciência.

Pesquisar é uma palavra originária do latim que significa "procurar", "buscar com cuidado". Segundo Ferreira (2004, p. 627), trata-se de "uma investigação e estudo, minuciosos e sistemáticos, com o fim de descobrir conhecimentos". Bagno (2003, p. 11) afirma que pesquisar significa "a investigação feita com objetivo expresso de obter conhecimento específico e estruturado sobre um assunto preciso". Realizar uma pesquisa, portanto, é sentir-se instigado pela curiosidade, pelo desejo de busca e superação. É saber trabalhar com os indicadores que afloram durante a coleta de dados, visto que todo o processo é importante, não somente o resultado alcançado.

A pesquisa se constitui como um dos princípios científicos e educativos mais significativos para a construção do conhecimento, sendo indispensável à formação do futuro docente. Como o paradigma da inclusão tem suscitado transformações fundamentais na organização escolar, a teoria e a prática relacionadas ao atendimento dos alunos com necessidades educativas especiais têm levado os profissionais da educação a debater e analisar novas práticas pedagógicas. O objetivo é oferecer um atendimento educacional de qualidade e eficiente, impulsionado pela concepção inclusiva.

As práticas pedagógicas inclusivas trazem um novo conceito, alicerçado no princípio de que a educação deve ser acessível a todas as pessoas, independentemente das possibilidades e/ou limitações delas, atendendo, assim, às exigências de uma sociedade mais humana e solidária, que combate preconceitos e discriminações (Brasil, 2006).

Para que haja uma unidade entre teoria e prática na educação especial: pesquisa e prática, os futuros pedagogos/professores necessitam imergir no contexto escolar com olhar de pesquisador – um olhar crítico e reflexivo. Isso é fundamental para que se tornem educadores que indaguem, interpretem, aprofundem os seus conhecimentos, alterem e partilhem seus fazeres educativos, tendo como objetivo a construção de uma escola de qualidade para todos.

O olhar para o cotidiano da escola é imprescindível, pois é nele que se manifestam os fenômenos educativos e, para que se possa melhor compreendê-los, é necessário investigar, buscar referenciais teóricos, fazendo a leitura das diferentes situações existentes nesse contexto à luz das contribuições evidenciadas nesses referenciais.

A realização de pesquisas na educação especial fornecerá subsídios para uma melhor atuação na complexa e dinâmica realidade educacional, tendo em vista a diversidade de alunos que ali transitam, a fim de promover o acesso aos saberes que compõem o currículo. A sala de aula não pode ser reduzida a um espaço e tempo em que a aprendizagem aflora de forma tranquila e homogênea. Ao contrário, trata-se de um espaço inquietante e provocativo, que vem desafiando, cada vez mais, a formação profissional do pedagogo/professor.

Nesse sentido, as Diretrizes Curriculares Nacionais para a Formação de Professores da Educação Básica (Brasil, 2002a, p. 28) oferecem a seguinte orientação:

> *Não basta a um profissional ter conhecimento sobre o seu trabalho. É fundamental que saiba mobilizar, não só o domínio dos conhecimentos*

específicos em torno dos quais deverá agir, mas, também, compreensão das questões envolvidas em seu trabalho, sua identificação e resolução, autonomia para tomar decisões, responsabilidade pelas opções feitas.

Durante a realização da pesquisa de campo, os questionamentos poderão voltar-se a todos os aspectos que envolvem a dinâmica da prática docente, ou seja, a relação entre professor e aluno no processo de ensino e de aprendizagem, visto que complexos e múltiplos aspectos interferem nesse campo, os quais não podem ser reduzidos a uma análise unilateral.

A pesquisa em contextos educativos privilegia o processo de aprendizagem do futuro docente, uma vez que o leva a indagar sobre as propostas adotadas pela escola para lidar com as necessidades educativas especiais de seus alunos e a buscar fundamentações teóricas que embasem o que descobriu na prática.

Segundo Demo (1997, p. 34), a pesquisa inserida "no dia a dia das pessoas, como expressão educativa, significa a capacidade de andar de olhos abertos, de ler criticamente a realidade, reconstruir as condições de participação histórica, informar-se adequadamente". Portanto, o conhecimento que emerge da pesquisa e da análise dos dados coletados instiga o desejo de saber mais para responder aos questionamentos que surgem diante do desconhecido. É nessa dinâmica que o futuro docente interage como sujeito crítico e criativo de sua própria aprendizagem.

Em contextos inclusivos, a prática da pesquisa, cuja motivação é o incômodo diante de uma realidade que provoca estranhamento, objetiva a busca por respostas educativas eficazes. Indispensável para o encaminhamento do trabalho pedagógico, apontará diferentes respostas com base nas necessidades de cada aluno, provocando, assim, transformações na prática pedagógica do professor.

É importante, neste momento, retomar o livro *Pesquisa e prática profissional: projeto da escola*, em que Cortelazzo e Romanowski (2007) esclarecem, com propriedade, a contribuição da pesquisa na formação de professores.

Síntese

Neste capítulo foi discutida a importância da pesquisa para a construção do conhecimento em educação especial, tendo em vista os fundamentos filosóficos e teóricos da inclusão.

Atividades de autoavaliação

1 Assinale V para as proposições verdadeiras e F para as falsas e, em seguida, marque a alternativa que corresponde à ordem correta.
A pesquisa no contexto educativo é importante porque:

( ) conduz a uma investigação com o objetivo de obter um conhecimento aprofundado sobre um assunto específico.

( ) instiga o professor a buscar, em várias fontes, informações sobre determinado assunto.

( ) é realizada por um grupo restrito de especialistas na área.

( ) adota instrumentos sofisticados para coleta de dados.

a. V, V, F, F

b. V, F, V, F

c. F, F, V, V

d. F, V, F, V

2

Assinale V para as proposições verdadeiras e F para as falsas e depois marque a alternativa que corresponde à ordem correta.

A pesquisa sobre a organização do trabalho pedagógico permite ao futuro docente:

( ) engajar-se em atividades de transformação dos objetos estudados.

( ) criar novas representações mentais, formulando conceitos a partir da observação da realidade.

( ) reivindicar à equipe pedagógico-administrativa da escola textos, cursos, palestras, entre outros, para poder trabalhar com os alunos que apresentam necessidades educativas especiais.

( ) tornar-se autônomo em relação ao seu processo de formação continuada.

a. V, V, F, F
b. V, V, F, V
c. F, F, V, V
d. F, V, F, V

3

Assinale V para as proposições verdadeiras e F para as falsas e, em seguida, marque a alternativa que corresponde à ordem correta.

Em contextos inclusivos, a pesquisa deve tornar-se uma atitude de questionamento sistemático e crítico diante da realidade, pois:

( ) todos os alunos com necessidades educativas especiais apresentam as mesmas possibilidades e/ou dificuldades.
( ) as indagações levam a mudanças.
( ) volta-se para a reconstrução do saber.
( ) estimula e desenvolve o espírito inquisidor do professor diante da realidade.

a. V, V, F, F
b. V, V, F, V
c. F, V, V, V
d. F, V, F, V

4

Assinale V para as proposições verdadeiras e F para as falsas e depois marque a alternativa que corresponde à ordem correta.

A prática da pesquisa num contexto educativo inclusivo tem por objetivo:

( ) estabelecer uma atitude de desconforto entre os elementos que atuam nesse espaço.

( ) mobilizar saberes pertinentes à atuação do docente diante das inúmeras e complexas situações manifestadas pelos alunos no cotidiano escolar.

( ) concretizar um ensino capaz de atender satisfatoriamente à diversidade de características individuais e às necessidades educativas do aluno.

( ) desenvolver no futuro professor uma postura de pesquisador, crítico e reflexivo, fundamental para sua formação.

a. F, V, F, F
b. V, V, F, V
c. F, F, V, V
d. F, V, V, V

5 Assinale V para as alternativas verdadeiras e F para as falsas e, em seguida, marque a alternativa que corresponde à ordem correta:
A prática da pesquisa em escolas inclusivas pode contribuir para.

( ) a construção de um novo saber.

( ) o trabalho cooperativo em busca de respostas educativas eficazes para atender aos alunos com necessidades educativas especiais.

( ) incluir os alunos com necessidades educativas especiais no ensino regular, tendo em vista o seu processo de socialização com os colegas ditos "normais".

( ) o processo de emancipação de todos os alunos.

a. F, V, F, F
b. V, V, F, V
c. F, F, V, V
d. F, V, V, V

Questões para reflexão

1 Após a leitura atenta do texto referente ao primeiro capítulo, em grupo:

a. registrem três aspectos essenciais que a prática da pesquisa pode melhorar no processo de ensino e de aprendizagem;

b. realizem um debate sobre os aspectos eleitos.

2 Após o debate, registrem todos os dados significativos expostos pelos colegas e, em duplas, organizem um relatório com base na discussão do grupo.

2

A diversidade humana e o espaço escolar

O espaço denominado *sala de aula* destina-se ao desenvolvimento do processo de ensino e de aprendizagem. Todavia, cabe ressaltar que se trata de um ambiente de diversidade, uma vez que abriga um universo heterogêneo, plural e em movimento constante.

Nesse ambiente, cada aluno é singular, constituído de uma identidade única, determinada pelos valores, crenças, hábitos, saberes, padrões de condutas, trajetórias peculiares e possibilidades cognitivas do grupo social com que estabelece relação. Por isso, é importante que os alunos tenham seu tempo, sua forma de pensar e sua cultura respeitados.

Cada um deles tem seu próprio processo de desenvolvimento e de aprendizagem, diferentes ritmos de internalização do conhecimento, expressa maior interesse e entusiasmo por determinada área do conhecimento, demonstra apatia e indiferença por outras e dialoga com a complexidade humana do professor, o que provoca inquietações permanentes na ação docente. Diante dessa pluralidade e heterogeneidade, exige-se que o professor promova o desenvolvimento e a aprendizagem de seu aluno na dimensão cognitiva, social, emocional e motora, tendo em vista uma formação global.

Severino (1991, p. 32) afirma que o papel da educação numa sociedade historicamente determinada como a nossa revela que a:

> *práxis humana, ou seja, prática intencionalizada, fecundada pela significação, contribui para a integração dos homens nesse tríplice universo de mediações existenciais: no universo de trabalho, da produção material, das relações políticas; no universo da simbolização subjetiva, universo da consciência pessoal, da subjetividade das relações intencionais.*

Portanto, o ato educativo, segundo Bergamo e Romanowski (2006), torna possível a articulação de um projeto de sociedade, pois o fato de se transmitirem valores e conhecimentos historicamente produzidos às futuras gerações por meio dos mecanismos de ensino e de aprendizagem incide na produção da vida humana.

Essa tarefa torna-se complexa para o professor no cotidiano da escola, pois demanda conhecimentos múltiplos e convergentes de antropologia, neurociência, linguística, sociologia, filosofia, biologia e psicologia, entre outras áreas do conhecimento. No entanto, mediante determinados desafios, o educador muitas vezes manifesta respostas comuns e lineares.

Tal fato revela dificuldade em lidar com os inúmeros processos que compõem a tarefa de mediação entre o conhecimento, o saber escolar e a aprendizagem. Deixa-se, assim, de articular uma ação docente eficaz por desconhecimento e despreparo diante de uma realidade que, ao mesmo tempo, mostra-se contraditória e única.

Sala de aula: que espaço é esse?

Diferentes aspectos encontram-se imbricados no complexo processo de ensinar e de aprender, sendo evidente a impossibilidade de estabelecer uma linearidade de prescrições gerais, uma vez que cada situação é singular e distinta das demais, no mesmo espaço e tempo. A sala de aula não é apenas um espaço geográfico, mas um ambiente constituído por uma diversidade valiosa, em que o processo de ensino e de aprendizagem deve ser privilegiado.

Segundo Coll, Palácios e Marchesi (2004), o movimento da sala de aula caracteriza-se pela multidimensionalidade, simultaneidade, imediação, imprevisibilidade, publicidade e pela história. Isso significa que muitos fatos ocorrem ao mesmo tempo, rapidamente e de forma imprevisível. As ações do professor e dos alunos são testemunhadas pelos demais colegas e suas consequências são percebidas no decorrer das atividades curriculares.

Entretanto, esses mesmos autores (2004, p. 15) acrescentam que os acontecimentos no interior da sala de aula não são apenas resultado de fatores, processos e decisões que têm sua origem em seu próprio âmbito, mas também resultam de fatores, processos e decisões que têm sua origem em outros âmbitos ou níveis, por exemplo, na organização social, econômica, política e cultural da sociedade: na organização e no funcionamento do sistema educativo; na valorização e no prestígio social de determinados saberes e valores; no currículo vigente; na organização e no funcionamento das instituições de ensino etc.

Portanto, faz-se necessário considerar os processos desencadeados em diferentes níveis e instâncias para melhor compreender "o que e como os alunos aprendem e o que e como os professores ensinam", revelam Coll, Palácios e Marchesi (2004, p. 15). Há alunos que parecem não prestar atenção ao professor, mas realizam as tarefas com domínio e autonomia; existem também os que não realizam as suas tarefas, mas estão sempre dispostos a colaborar e os que, apesar do tumulto em seu entorno e de suas dificuldades, permanecem trabalhando até finalizar a atividade, mesmo sem acertar, e há ainda aqueles que nem ao menos iniciam suas atividades.

Escola: que espaço é esse?

López (2004, p. 113) afirma que, até bem pouco tempo atrás, "a escola se ocupava, do ponto de vista formal, apenas das áreas denominadas acadêmicas", uma vez que entendia que sua função restringia-se a ensinar e avaliar os conteúdos transmitidos, com o objetivo de classificar seus alunos.

Aqueles que apresentavam diferentes manifestações de comportamento ou aprendizagem insuficiente eram encaminhados para atendimento especializado e, quando permaneciam no sistema regular de ensino, contribuíam para o elevado índice de reprovação ou evadiam-se das instituições escolares após alguns anos de tentativas fracassadas (López, 2004, p. 113).

Nas últimas décadas, movidas por princípios legais, éticos e humanos, as escolas começaram a tentar atender a seus alunos que apresentavam comportamento fora do padrão. Segundo Bergamo e Romanowski (2006), o padrão de normalidade estabelecido pelas instituições escolares era aquele aluno passivo que cumpria todas as suas tarefas corretamente, com ordem, capricho, no tempo determinado pelo professor e sem fazer qualquer indagação.

Ainda conforme as autoras (2006):

> *aluno e aluna assim continuam existindo no imaginário de muitos professores. Todavia, no cotidiano da sala de aula a realidade existente revela-se outra, exigindo dos professores conhecimentos diversos e consistentes para as*

diferentes questões que emergem nesse campo e que, sem dúvida, interferem no processo de ensino e de aprendizagem de todos os envolvidos nesse espaço educativo.

A complexidade e a dinamicidade dos acontecimentos em sala de aula desafiam o preparo profissional do professor. É nesse espaço e tempo que, por meio das mediações realizadas com seus alunos, ele estabelecerá a relação entre a teoria e prática.

A escola tem sido desafiada a promover processos de ensino e de aprendizagem que atendam a todos os alunos, indiscriminadamente. E o professor, diante desse desafio, tem se deparado com a necessidade de redimensionar sua prática pedagógica, com vistas a atender às diferentes necessidades educativas de seu alunado em sala de aula.

Síntese

O presente capítulo tem como objetivo instigar a reflexão sobre a natureza humana em sua complexidade, na pessoa do aluno e do professor, e sobre a tessitura pedagógica desencadeada no cotidiano educativo no contexto atual. Entre os temas tratados, destacam-se o espaço da sala de aula e sua complexidade, a interação entre professores e alunos na busca da articulação do conhecimento e a necessidade do respeito à diversidade nas instituições escolares.

Indicação cultural

FARAH, I. M.; PAGNANELLI, N. *Somos todos iguais?* São Paulo: Memnon, 1998.

Este livro, inicialmente, instiga o professor a observar o contexto de sua sala de aula e refletir sobre as diferenças existentes entre os seus alunos. Em seguida, propõe diversos procedimentos metodológicos que podem ser adotados no interior da sala de aula pelo professor a partir da pesquisa realizada diante da diversidade de alunos que compõem aquele espaço educativo.

Atividades de autoavaliação

1 Assinale V para as alternativas verdadeiras e F para as falsas e, em seguida, marque a alternativa que corresponde à ordem correta.
O processo de desenvolvimento e aprendizagem do ser humano é determinado.

- ( ) pelos valores, crenças, hábitos, saberes, padrões de condutas, trajetórias peculiares e possibilidades cognitivas do grupo social com que estabelece relação.
- ( ) pelas inúmeras e diversas oportunidades que as crianças têm de vivenciar experiências enriquecedoras, que as motivem a fazer descobertas.

( ) pelo seu nascimento, não sofrendo interferência da qualidade e da quantidade de estímulos recebidos do ambiente que o cerca.

( ) pela relação estabelecida com o professor e seus colegas em sala de aula.

a. V, V, F, V

b. V, F, V, F

c. F, F, V, V

d. F, V, F, V

2

Assinale V para as alternativas verdadeiras e F para as falsas e, em seguida, marque a alternativa que corresponde à ordem correta.

Em nossa sociedade, a educação representa:

( ) a transmissão de valores e conhecimentos historicamente produzidos às futuras gerações.

( ) a transmissão de conhecimentos de pouco valor, uma vez que não representam uma melhoria futura nas relações de trabalho, na elaboração de bens materiais e nas relações sociais das pessoas.

( ) a organização de determinados saberes importantes apenas para uma pequena parcela da população.

( ) a valorização do trabalho com os alunos da camada social privilegiada.

a. V, V, F, V
b. V, F, F, F
c. F, F, V, V
d. F, V, F, F

3 Assinale V para as alternativas verdadeiras e F para as falsas e depois marque a alternativa que corresponde à ordem correta.

A sala de aula, como espaço de ensino e de aprendizagem, caracteriza-se por ser:

( ) um processo linear, uma vez que o professor ensina e todos os alunos devem aprender ao mesmo tempo.

( ) um espaço geográfico em que os alunos devem ser organizados em diferentes filas, ou seja, duas filas para os alunos que respondem com maior rapidez, duas para os alunos médios e duas para os alunos com maiores dificuldades de aprendizagem.

( ) um ambiente de diversidade em que o professor necessita redimensionar sua prática pedagógica para atender a todos os alunos.

( ) um espaço de simultaneidade, multidimensionalidade, imprevisibilidade, simultaneidade, publicidade e história, ou seja, o professor pode prever com antecedência todas as situações que ocorrerão em sala de aula, mediante o preparo de um planejamento detalhado.

( ) um espaço de mediação entre o conhecimento, o saber escolar e a aprendizagem.

a. V, V, F, V, F
b. V, F, F, F, V
c. F, F, V, F, V
d. F, V, F, F, V

4 Assinale V para as alternativas verdadeiras e F para as falsas e, em seguida, marque a alternativa que corresponde à ordem correta.
No processo de desenvolvimento e de aprendizagem dos educandos:

( ) a relação entre pares exerce um papel fundamental.

( ) o confronto das diferentes capacidades cognitivas entre aluno-aluno e aluno-professor dificulta a aprendizagem de todos os envolvidos.

( ) o significado de uma atividade ou de uma situação varia de uma criança para outra, segundo sua personalidade, suas aspirações, seus interesses e sua cultura.

( ) cabe ao professor compreender e respeitar as diferenças de seus alunos, pois cada um é singular.

a. V, V, F, V
b. V, F, F, F
c. F, F, V, F
d. V, F, V, V

5 Assinale a alternativa falsa.
No complexo processo de ensinar e de aprender, diferentes aspectos encontram-se imbricados. Portanto:

    a. É impossível estabelecer uma linearidade de prescrições gerais.

    b. Se o professor ensinar todos os seus alunos, todos aprenderão da mesma forma e ao mesmo tempo.

    c. Faz-se necessário considerar todos os processos desencadeados em diversos níveis e instâncias para melhor compreendê-los.

    d. Cada situação é singular e distinta das demais.

Questões para reflexão

1 Após a leitura atenta do texto referente ao segundo capítulo:

    a. discutam, em duplas, as dificuldades enfrentadas na prática docente;

    b. elaborem sugestões para a superação das dificuldades encontradas no que tange à inclusão;

    c. apresentem o trabalho aos colegas, abrindo debate para as questões divergentes e convergentes.

2 Após o trabalho de leitura, a indicação de sugestões e o debate, elaborem um texto com uma análise dos diferentes aspectos levantados em relação ao contexto de sala de aula.

3

Educação especial: das primeiras concepções até a atualidade

Como as pessoas com deficiência foram tratadas no decorrer da história da humanidade? Esse é um tema importante a ser discutido na construção de uma educação inclusiva. Vítimas históricas de discriminação, preconceito e até de barbáries, crianças e jovens com necessidades especiais hoje são vistos como pessoas capazes de dar uma importante contribuição social e de enriquecer as experiências dos que com eles convivem.

Nos dias atuais, a escola tem um papel fundamental para ajudar a incluir esses jovens na vida em sociedade. Mas já houve tempos, porém, que ela própria segregava e discriminava aqueles que se mostravam diferentes. Foi longo o caminho até que ingressasse no espaço escolar a concepção de educação inclusiva, com vistas a ressignificar a prática educativa pelo reconhecimento da necessidade de atender indiscriminadamente a todos os alunos.

Hoje, o grande desafio é oferecer uma escola de qualidade para todos, que considere os alunos em sua diversidade e aproveite a riqueza que as diferenças podem trazer para construir um espaço não somente de aprendizagem de conteúdos curriculares, mas também de respeito e cidadania.

Para compreender o embate desencadeado pelos movimentos em defesa da inclusão de pessoas com necessidades educacionais especiais no ensino regular, cabe realizar uma breve contextualização da educação especial com o intuito de ressaltar os pressupostos que permearam os diferentes períodos históricos de nossa sociedade.

Um breve resgate histórico

Os primeiros registros de que se tem notícia sobre o atendimento prestado às pessoas com deficiência datam do final do século XVIII. Encontram-se poucos registros sobre o tema no período anterior a Idade Média.

Antes desse período, era considerado normal praticar o infanticídio[1] quando se observava alguma anormalidade nas crianças. Sabe-se que em Esparta,

---

1 O infanticídio, assassínio do recém-nascido, foi um ato tolerado até fins do século XVII.

onde a organização sociocultural era fundamentada em um ideal de homem forte e atlético, as crianças que apresentavam alguma deficiência eram consideradas subumanas, legitimando assim seu abandono ou eliminação.

Durante a Idade Média

A partir do século XVII, os deficientes passaram a ser internados em orfanatos, manicômios, prisões e outros tipos de instituições, juntamente com delinquentes, idosos e pedintes, ou seja, eram excluídos do convívio social por causa da discriminação que então vigorava contra pessoas diferentes.

A sociedade tomou consciência da necessidade de prestar apoio às pessoas deficientes no final do século XVIII e início do século XIX. Era, porém, um apoio com caráter assistencial – oferecia-se a elas abrigo, alimento, medicamento e alguma atividade para ocupar o tempo – respaldado no discurso de que era preciso protegê-las. Entretanto, sabe-se que, na verdade, elas é que eram consideradas um perigo para a sociedade (Sassaki, 1997).

O século XX caracterizou-se pelo início da obrigatoriedade e da expansão da escolarização básica e, consequentemente, surgiram alunos que apresentavam algumas dificuldades para acompanhar o ritmo de aprendizagem dos demais. Rodrigues (2003, p. 14) aponta que "foi o movimento de escolarização universal, conhecido por 'escola de massas', que pôs em evidência o caráter elitista e classista da escola tradicional como instrumento a serviço da divulgação e da inculcação dos interesses e valores da classe dominante".

Bautista Jiménez (1997, p. 24) esclarece que é a partir desse fenômeno que

> *se aplica a divisão do trabalho à educação e nasce assim uma pedagogia diferente, uma educação especial institucionalizada, baseada nos níveis de capacidade intelectual e diagnosticada em termos de quociente intelectual. Não podemos esquecer que Binet cria um método ou instrumento para poder retirar da escola regular os mais fracos, os atrasados.*

Nesse período, multiplicaram-se as classes e escolas especiais, que representavam uma discriminação e rotulação social das crianças em função de suas deficiências. Elas tinham um currículo próprio, separado do ensino regular, constituindo-se em um subsistema dentro do sistema educativo geral.

A concepção do atendimento por tipo de deficiência foi se fortalecendo e provocou uma proliferação de instituições especializadas, promovendo, mais uma vez, a exclusão das pessoas com necessidades especiais do convívio com a sociedade. Por volta dos anos 1970, um movimento denominado de *integração*[2] surgiu para pôr fim à prática de exclusão a que as pessoas deficientes foram submetidas durante séculos.

---

[2] A Declaração dos Direitos das Pessoas Deficientes, de 9 de dezembro de 1975, foi aprovada pela Resolução nº 3.447, da Assembleia Geral da ONU, detalhada no Decreto nº 3.956 (Brasil, 2001b).

O movimento de integração

Inicialmente, cabe esclarecer que *integração* e *inclusão* não são sinônimos, pois cada um desses termos se refere a posicionamentos teórico-metodológicos divergentes. Integração e inclusão constituem movimentos em defesa dos interesses das pessoas que apresentam alguma deficiência. Porém, o primeiro é mais restritivo, uma vez que responsabiliza unicamente a pessoa deficiente pela sua inserção, ou não, na sociedade e na escola, enquanto que o segundo divide essa responsabilidade com toda a comunidade.

Segundo Sassaki (1997), o movimento de integração referia-se à inserção da pessoa com deficiência no contexto educativo, desde que estivesse capacitada para enfrentar os desafios acadêmicos cobrados. Nessa perspectiva, considera-se que precisava ser tratada e curada para adaptar-se à sociedade e à escola.

Portanto, defendia um movimento unilateral, em que o esforço era apenas da pessoa com deficiência. A escola não precisava realizar nenhum movimento para receber esse aluno e, inúmeras vezes, permanecia como expectadora das respostas dele, com o intuito de criticá-lo e rotulá-lo, lembrando sempre que era oriundo de uma classe especial ou de outro serviço de educação especial.

Na lógica da homogeneidade, a escola tradicional procedia de acordo com as ideias de nivelamento e uniformidade, segundo as quais todos os alunos aprendiam ao mesmo tempo. Dentro dessa lógica, propunha um ensino igual para todos e obrigava os alunos a se adaptar às exigências do sistema, sem qualquer preocupação com aqueles que ficavam à margem do processo de aprendizagem.

Entretanto, na lógica da heterogeneidade, "as diferenças individuais entre os alunos não apenas são reconhecidas e aceitas, como constituem [...] a base para a construção de uma nova e inovadora abordagem pedagógica, onde não há lugar para exclusões ou segregações", como aponta Rodrigues (2003, p. 14). Busca-se, portanto, um ensino de qualidade que supere a exclusão escolar por meio de ações pedagógicas que visem não apenas ao acesso do aluno à escola, mas sua efetiva permanência nela.

A busca pela valorização das diferenças por meio de ações em prol da construção de uma escola capaz de trabalhar com a diversidade teve seu início no Brasil na década de 1990, após a promulgação da Constituição Federal de 1988[3] e, mais efetivamente, depois da aprovação da Lei de Diretrizes e Bases da Educação Nacional - LDBN (Lei nº 9.394, de 20 de dezembro de 1996[4]).

Stainback e Stainback (1999, p. 44) esclarecem que:

> *[...] o fim gradual das práticas educacionais excludentes do passado proporciona a todos os alunos uma oportunidade igual para terem suas necessidades*

---

3 Para ver a Constituição (1988) na íntegra, acesse o *site*: <http://www.planalto.gov.br/CCIVIL_03/Constituicao/Constituicao.htm>.

4 Para ver a Lei nº 9.394/1996 na íntegra, acesse o *site*: <http://www.planalto.gov.br/CCIVIL/Leis/L9394.htm>.

> *educacionais satisfeitas dentro da educação regular.*
> *O distanciamento da segregação facilita a unificação da educação regular e especial em um sistema único. Apesar dos obstáculos, a expansão do movimento da inclusão, em direção a uma reforma educacional mais ampla, é um sinal visível de que as escolas e a sociedade vão continuar caminhando rumo a práticas cada vez mais inclusivas.*

O processo inclusivo tem caminhado lentamente em nosso país e apresenta muitas variantes, de acordo com cada região. O acesso e a permanência de todos os alunos na escola são garantidos por lei, porém esses aspectos somente têm validade se o aluno, de fato, sentir-se acolhido pela comunidade escolar e obter êxito em sua trajetória acadêmica.

Na atualidade, ainda é possível encontrar professores que se apresentam resistentes a trabalhar com alunos que apresentam necessidades educacionais especiais, talvez devido ao conhecimento restrito sobre as deficiências e as possibilidades/habilidades do sujeito com alguma limitação ou ao receio de expor sua fragilidade teórica – pois o professor terá que apresentar domínio teórico em relação às diferentes áreas do conhecimento, para que possa compreender quais são as lacunas que seu aluno manifesta – ou, ainda, devido à resistência à frustração, uma vez que pode ocorrer que mesmo com todo um planejamento prévio, promoção de adaptações curriculares, quer diante dos objetivos, procedimentos metodológicos, avaliativos e organização física da sala de aula, o processo de aprendizagem dos conteúdos curriculares pode exigir um tempo maior, e, muitas vezes, o professor tem dificuldade para lidar com essas situações, entre outros motivos (Macedo, 2005).

O ingresso de alunos com necessidades educacionais especiais em uma turma, muitas vezes, pode levar o professor a promover alterações em diferentes dimensões pedagógicas, pois como gestor de sua sala de aula (que a própria identidade do seu trabalho lhe concede), ele deverá ter claro que "ensinar exige risco, aceitação do novo e rejeição a qualquer forma de discriminação" (Freire, 2004, p. 39).

Diante dessa realidade, o professor deverá estar em processo permanente de aprendizado, vistos os desafios inerentes à sua atuação. O fato de crianças e jovens de diferentes necessidades especiais frequentarem os mesmos espaços escolares exige do professor a promoção da aprendizagem e do desenvolvimento de seus educandos a partir de uma pedagogia centrada no aluno e não apenas no conteúdo, com ênfase na aprendizagem e não apenas no ensino, deslocando assim o eixo da ação pedagógica do ensinar para o aprender, não apenas referindo-se à aprendizagem do aluno, como também a do professor, pois é ele o elemento mediador do processo educativo.

A educação especial inclusiva

O Brasil, ao concordar com a Declaração Mundial de Educação para Todos, proclamada em 1990 em Jontien, na Tailândia, e com os postulados da Conferência Mundial sobre Necessidades

Educacionais Especiais (acesso e qualidade), realizada em 1994, em Salamanca, na Espanha, optou pela construção de um sistema educacional inclusivo. Dentro dessa perspectiva, salienta-se o conceito dado à educação especial pela Lei de Diretrizes e Bases da Educação Nacional, em seu artigo 58: "Entende-se por educação especial, para os efeitos desta Lei, a modalidade de educação escolar, oferecida preferencialmente na rede regular de ensino, para educandos portadores de necessidades especiais".

A educação especial constitui-se, portanto, como uma proposta pedagógica que assegura recursos e serviços para apoiar, complementar, suplementar e/ou substituir serviços educacionais comuns. Realiza-se transversalmente em todos os níveis, etapas e modalidades de ensino para assegurar aos alunos com necessidades educacionais especiais as condições para ter acesso à escola e permanecer nela, assim como para desenvolver todas as suas potencialidades (Brasil, 2004).

O que se entende por educação inclusiva?

Trata-se de um movimento que compreende a educação como um direito humano fundamental e a base para uma sociedade mais justa, que se preocupa em atender a todas as pessoas a despeito de suas características, desvantagens ou dificuldades e habilitar todas as escolas para o atendimento da sua comunidade, concentrando-se naqueles alunos que têm sido mais excluídos das oportunidades educacionais (Brasil, 2004, p. 24).

Nessa perspectiva, Carvalho (2000, p. 2) afirma, com propriedade, que uma escola é inclusiva quando:

> *respeita as peculiaridades e/ou potencialidades de cada aluno, organiza o trabalho pedagógico centrado na aprendizagem do aluno, onde este é percebido como sujeito do processo e não mais como seu objeto e o professor torna-se mais consciente de seu compromisso político de equalizar oportunidades, na medida em que a igualdade de oportunidades envolve, também, a construção do conhecimento, igualmente fundamental na instrumentalização da cidadania.*

Entretanto, cabe destacar que, mesmo sendo assegurado o processo de inclusão a todos os alunos em escolas comuns a partir de inúmeras legislações decretadas nas últimas décadas[5] e apesar da realização de estudos em diferentes centros de pesquisa de referência nacional com o objetivo de apontar caminhos para a formação inicial e continuada dos professores, nem todas as escolas se sentem seguras para acolher os alunos incluídos e, devido a isso, deixam de desenvolver um trabalho pedagógico centrado na aprendizagem do aluno, respeitando suas individualidades e limitações, visto que não sabem como lidar com esses educandos.

---

5 Algumas dessas leis estão expostas na página seguinte.

E quem são as crianças que devem ser incluídas?

As escolas devem acolher todas as crianças, independentemente de suas condições físicas, intelectuais, sociais, emocionais, linguísticas ou outras. Devem acolher crianças com deficiência e crianças bem dotadas; crianças que vivem nas ruas e que trabalham; crianças de populações distantes ou nômades; crianças de minorias linguísticas, étnicas ou culturais e crianças de outros grupos ou zonas desfavorecidos ou marginalizados (Declaração de Salamanca, 1994, p. 17-18).

Como mencionado anteriormente, nas últimas décadas inúmeras legislações foram aprovadas com o objetivo de assegurar aos alunos o acesso ao sistema regular de ensino e sua permanência nele. Entre elas, destacam-se a Constituição Federal de 1988; a Lei nº 8.069/1990[6], que dispõe sobre o Estatuto da Criança e do Adolescente; a Lei nº 9.394/1996, que estabeleceu a LDBEN; a Convenção Interamericana para Eliminação de Todas as Formas de Discriminação contra as Pessoas com Deficiência, celebrada na Guatemala em maio de 1999; a Lei nº 10.172/2001[7], que aprovou o Plano Nacional de Educação 2001-

---

[6] Para ver a Lei nº 8.069/1990 na íntegra, acesse o *site*: <http://www.planalto.gov.br/ccivil/LEIS/L8069.htm>.

[7] Para ver a Lei nº 10.172/2001 na íntegra, acesse o *site*: <https://www.planalto.gov.br/ccivil_03/leis/leis_2001/l10172.htm>.

2010; a Resolução nº 2/2001[8] do Conselho Nacional de Educação, que instituiu as Diretrizes Nacionais para a Educação Especial na Educação Básica, entre outras.

No entanto, o sistema educacional brasileiro tem recebido duras críticas por sua incapacidade de promover o acesso até mesmo aos saberes que compõem o currículo comum do ensino escolar, quanto mais para atender às necessidades educativas especiais de alunos que transitam no contexto escolar. Dessa forma, tem excluído do direito à educação um significativo contingente de crianças.

Necessidades educativas especiais

A expressão necessidades educativas especiais refere-se a todas as crianças e jovens cujas necessidades decorrem de sua superdotação/alta habilidade ou de suas dificuldades de aprendizagem (Declaração de Salamanca, 1994, p. 18).

Pode-se entender, portanto, que todas as pessoas podem ter necessidades educativas especiais? Muitas crianças experimentam dificuldades de aprendizagem e têm, portanto, essas necessidades em algum momento de sua escolarização e às escolas cabe o desafio de encontrar a maneira de educar com êxito todas elas (Declaração de Salamanca, 1994, p. 18).

---

8 Para ver a Resolução nº 2/2001 na íntegra, acesse o *site*: <http://portal.mec.gov.br/arquivos/pdf/resolucao2.pdf>.

Para que esses alunos desfrutem de oportunidades iguais para apropriar o saber, o saber fazer e o saber ser, há que se considerar as diferenças individuais e as necessidades educativas delas decorrentes. Nesse sentido e como bem esclarece Carvalho (2000, p. 48), "os movimentos em prol de uma educação para todos são movimentos de inclusão de todos em escolas de qualidade garantindo-lhes a permanência, bem-sucedida, no processo educacional escolar desde a educação infantil até a universidade".

Princípios que sustentam o atendimento às pessoas com necessidades educativas especiais

Os seguintes princípios devem nortear o atendimento às pessoas com necessidades educativas especiais, segundo a Declaração de Salamanca (1994):

- Todas as diferenças humanas são normais.
- O processo de aprendizagem deve ajustar-se às necessidades de cada criança, promovendo-se, para isso, adaptações curriculares.
- A pedagogia deve estar centrada na criança, contribuindo, assim, para reduzir o número de fracassos educativos e garantir um maior índice de êxito escolar.
- Deve-se primar pela construção de uma sociedade centrada nas pessoas.

Para que esses princípios sejam cumpridos, requer-se um processo de ressignificação do contexto escolar, ou seja, uma reflexão sobre o real papel da escola, do professor, do conhecimento, do processo de desenvolvimento e aprendizagem, voltado para a compreensão da diferença humana em sua complexidade.

Inúmeras são as questões que envolvem o efetivo atendimento dos alunos com necessidades educativas especiais no contexto educativo. No entanto, serão aqui discutidos apenas os aspectos que se consideram significativos no sentido de sinalizar para uma direção diferente, a de encontrar caminhos para superar a exclusão e construir uma escola democrática para todos. Entre esses aspectos estão o desenvolvimento curricular, a gestão escolar e o desenvolvimento profissional.

Síntese

Neste capítulo, abordou-se a contextualização histórica da educação especial, buscando compreender o processo de inclusão das pessoas com necessidades educativas especiais no contexto escolar, os fundamentos históricos e legais que norteiam a educação especial e a concepção de educação inclusiva.

Indicação cultural

ROTH, B. W. (Org.). Experiências educacionais inclusivas: programa Educação Inclusiva – Direito à Diversidade. Brasília: Ministério da Educação; Secretaria de Educação Especial, 2006. Disponível em: <http://portal.mec.gov.br/seesp/arquivos/pdf/experienciaseducacionaisinclusivas.pdf>. Acesso em: 10 dez. 2009.

Esse documento foi organizado a partir das experiências significativas ocorridas em diferentes municípios do nosso país e discorre a respeito de experiências educacionais inclusivas nos âmbitos da gestão dos sistemas de ensino, da organização de recursos e serviços para o atendimento educacional especializado, das práticas educacionais inclusivas em sala de aula e da formação docente na perspectiva da inclusão de alunos com necessidades educacionais especiais nas classes comuns.

Atividades de autoavaliação

1 Marque a alternativa correta.
No Brasil, a Lei nº 9.394/1996 decretou o direito público e subjetivo à educação de todos os brasileiros, inclusive daqueles que apresentam necessidades especiais, preferencialmente na rede regular de ensino. Portanto:

a. O acesso e a permanência das pessoas com necessidades especiais no sistema educacional regular sem que haja uma reestruturação provocam a segregação de alunos no interior da escola.

b. Ao se garantir o acesso à escola de ensino regular para todos os alunos com necessidades especiais, descarta-se a necessidade de atendimento especializado.

c. O acesso à escola regular para todos os alunos com necessidades especiais garante o seu aprendizado, uma vez que estão convivendo com crianças de sua idade.

d. O acesso e a permanência de alunos com necessidades especiais na escola de ensino regular exigem que todos os professores façam cursos de especialização na área.

2 Assinale V para as alternativas verdadeiras e F para as falsas e, em seguida, marque a alternativa que corresponde à ordem correta.
A educação inclusiva preconiza o direito de todos os alunos à escolarização nas instituições de ensino regular, uma vez que:

( ) busca a superação da dicotomia construída entre o ensino regular e o especial.

( ) defende a inclusão, mas, como a escola não sabe trabalhar com as diferenças, aceita que os alunos com necessidades especiais sejam encaminhados a uma escola especial.

( ) defende a ideia de que as escolas de educação especial devem atuar como suporte às escolas de ensino regular.

( ) pressupõe o atendimento ao aluno com necessidades educativas especiais em escolas especializadas.

a. V, V, F, F
b. F, V, F, V
c. V, V, V, V
d. V, F, V, F

3 Assinale V para as alternativas verdadeiras e F para as falsas e, em seguida, marque a alternativa que corresponde à ordem correta.

Os princípios da educação inclusiva, sustentados pelos pressupostos da Declaração de Salamanca (1994), constituem-se como eixo norteador das políticas públicas educacionais brasileiras referentes à educação especial. Segundo esses princípios:

( ) as escolas devem acolher todas as crianças, independentemente de suas condições físicas, intelectuais, sociais, emocionais, linguísticas ou outras.

( ) deve-se desenvolver uma pedagogia centralizada na criança, capaz de educar com sucesso todos os alunos.

( ) a criança deve ajustar-se ao ritmo e à natureza do processo educativo.

( ) deve-se promover a construção de uma sociedade centrada nas pessoas.

a. V, V, F, V
b. F, V, F, V
c. V, V, V, V
d. V, F, V, F

4

Assinale V para as alternativas verdadeiras e F para as falsas e depois marque a alternativa que corresponde à ordem correta.

A legislação brasileira adotou o termo *necessidades educativas especiais* para se referir a todas as crianças e jovens cujas necessidades decorrem de sua superdotação/alta habilidade ou de suas dificuldades de aprendizagem. A adoção desse termo:

( ) possibilitou que a comunidade, de forma geral, passasse a respeitar e a acolher as pessoas com necessidades educativas especiais.

( ) representou um avanço, visto que se deixou de fazer uso de uma expressão preconceituosa.

( ) colaborou para que as escolas de ensino regular pudessem atender a todos os alunos.

( ) apenas camuflou o preconceito, uma vez que atribui à pessoa a condição de diferente.

a. V, V, F, F
b. F, F, F, V
c. V, V, V, V
d. V, F, V, F

5

Assinale V para as alternativas verdadeiras e F para as falsas e depois marque a alternativa que corresponde à ordem correta.

Com base em leituras e discussões teóricas, pode-se afirmar que *educação inclusiva* constituir-se em:

( ) uma modalidade da educação escolar oferecida preferencialmente na rede regular de ensino para educandos com necessidades especiais.

( ) um movimento que compreende a educação como um direito humano e que se preocupa em atender a todas as pessoas a despeito de suas características, desvantagens ou dificuldades.

( ) uma proposta pedagógica que assegura recursos e serviços para apoiar, complementar, suplementar e/ou substituir serviços educacionais comuns.

( ) habilitar todas as escolas para atender aos alunos em sua comunidade.

a. V, V, F, F
b. F, V, V, V
c. V, V, V, V
d. V, F, V, F

Questões para reflexão

1 Após a leitura atenta do texto referente ao terceiro capítulo, em grupo:

    a. registrem três características de uma escola inclusiva;

    b. realizem um debate com os colegas a respeito dos aspectos eleitos.

2 Após o debate, registrem todos os dados significativos ressaltados pelos colegas e, em duplas, organizem um relatório com base nessa discussão.

4

Dimensões das práticas pedagógicas inclusivas

Entre os vários aspectos importantes na construção de uma educação inclusiva, exige-se discutir a gestão escolar, o desenvolvimento profissional do professor e o currículo como fatores de mudança para atender à diversidade de alunos, na tentativa de gerar respostas aos desafios de uma escola de qualidade para todos.

A escola para todos traz em seu bojo o entendimento de uma escola inclusiva, ou seja, uma escola que respeita as diferenças individuais, que encontra respostas educativas às suas necessidades especiais sem deixar de atender aos demais. Portanto, é uma escola que supera a exclusão.

Para garantir que a escola inclusiva se estabeleça de fato no sistema educacional, é preciso promover algumas modificações na dinâmica escolar, nas dimensões organizativas e no desenvolvimento profissional e curricular, conforme Torres González (2002).

Práticas pedagógicas: escola

Partindo-se dos pressupostos que dizem respeito à inclusão educacional discutidos nos capítulos anteriores, um dos primeiros pontos a questionar é a função da escola. Compete à escola desenvolver capacidades e levar à apropriação de determinados conteúdos da cultura, necessários para que os alunos possam ser inseridos na sociedade.

Paro (2001) esclarece que, dependendo dos objetivos a que está vinculada, a escola se constitui num instrumento que pode se articular tanto com a conservação do *status quo*, de modo a servir aos grupos dominantes, quanto com a conscientização dos grupos dominados, no sentido de promover uma profunda transformação social. Um exemplo disso seria uma escola que não evidencia as diferenças e alicerça o seu trabalho pedagógico de forma democrática e acolhedora, não permitindo mecanismos de seleção e discriminação em seu interior, para garantir, assim, o acesso e a permanência com sucesso de todos os alunos.

Sacristán e Pérez Gomez (2000, p. 249) ressaltam que "qualquer aprendizagem nas escolas acontece num meio organizativo. [...] Cada escola é uma realidade organizativa singular que molda o desenvolvimento do currículo", visto que as regras de funcionamento geral da escola influenciam toda a experiência dos alunos e as possibilidades ou alternativas de ensino que os professores adotam. Com base nesse entendimento, pergunta-se: de que tipo de gestão a escola necessita para cumprir sua função?

González Manjón (1995) aponta algumas características organizativas que podem favorecer o atendimento a todos os alunos:

- *Flexibilidade* – Consiste em possibilitar opções diferenciadas na escola para que seja possível escolher aquela que mais se ajuste às necessidades e características individuais dos alunos.
- *Funcionalidade* – Refere-se a delegar responsabilidades e tarefas para todos os membros da comunidade educativa, a fim de envolvê-los numa efetiva atenção à diversidade, abandonando práticas já superadas, como agrupamentos homogêneos, prioridade para os professores mais antigos na escolha das turmas, modelos de escolarização com rótulos (série, ciclo, etapa, entre outros).
- *Participação no planejamento educativo* – Consiste em desenvolver em todos os profissionais que atuam na escola um sentimento de pertencer ao grupo, para assumir e/ou dividir com os demais profissionais as decisões e as inovações no tocante a:

- *currículo* – englobando estratégias de caráter geral (finalidades, projeto curricular da escola, programação de aulas, regulamentos sobre organização e funcionamento) e estratégias internas (reforço educativo, adaptações e diversificações curriculares, programas de garantia social);
- *estratégias específicas* – para atender às necessidades educativas especiais tanto decorrentes do ambiente social quanto de déficits físicos, psicológicos e sensoriais.

- *Comunicação objetiva* – Implica o estabelecimento de canais na escola que promovam e favoreçam a inter-relação entre todos os profissionais que atuam na instituição educativa, sejam eles docentes ou não, e entre eles e a comunidade; um ambiente que proporcione estabilidade, fluidez e relacionamentos abertos entre todos os componentes da escola, sustentado pelo desenvolvimento de uma forte liderança na equipe diretiva (caracterizado pela eficácia e pelo nível de satisfação dos professores, com critérios organizativos que não desvinculem o conceito de qualidade de ensino da prática da atenção à diversidade) são opções bastante satisfatórias.

Para Torres González (2002), a dimensão organizativa refere-se à análise de elementos que compõem a estrutura da escola, tendo em vista o desenvolvimento do currículo, ou seja, os elementos pessoais, funcionais e materiais. Quanto aos elementos pessoais, trata-se de criar uma cultura cooperante na organização e nos professores que propicie um modelo de formação permanente centrado na escola, como também modelos de incorporação dos professores que não tenham como único critério a antiguidade na escola, e ainda estabelecer um mapa de relações entre o professor orientador e o professor de apoio à inclusão, além de dar sentido à estrutura de ciclo.

No que se refere aos elementos funcionais, o mesmo autor defende uma escola constituída de grupos de trabalhos, isto é, agrupamentos flexíveis de alunos com base em uma perspectiva heterogeneizadora. Propõe a organização de oficinas rotativas que reúnam as necessidades dos alunos nos conteúdos instrumentais (promovendo as adaptações curriculares necessárias), tenham flexibilidade nos horários dos apoios e promovam reforços para alunos com necessidades educativas especiais.

Já os elementos materiais se constituem na previsão e distribuição dos espaços para possibilitar atividades diferentes, supressão das barreiras arquitetônicas das escolas, distribuição adequada do mobiliário e equilíbrio no tempo despendido com cada área curricular (Torres González, 2002). Uma escola somente é inclusiva se: estiver organizada para favorecer cada aluno, garantindo a qualidade de ensino; reconhecer e respeitar a diversidade; e responder a cada educando de acordo com suas potencialidades e necessidades.

De acordo com os Referenciais para Construção de Sistemas Educacionais Inclusivos, do Ministério da Educação, a direção da escola tem um papel fundamental na condução da prática educacional, que deve estar alicerçada nos princípios, objetivos e metas estabelecidos no projeto político-pedagógico. A ela cabe "promover a mobilização dos professores e funcionários e a constituição do grupo enquanto uma equipe que trabalha cooperativa e eficientemente" (Brasil, 2004).

O mesmo documento, segundo os Referenciais para Construção de Sistemas Educacionais Inclusivos (Brasil, 2004, p. 13), ressalta que a direção de uma escola deve ser:

> [...] dinâmica, comprometida e motivadora para a participação de todos os atores sociais. Ela necessita saber delegar poderes e estimular a autonomia, valorizando a atuação e a produção de cada um. Ela precisa ser uma figura presente, ponto de referência da personalidade e missão da escola. Precisa, também, ser respeitosa nas relações interpessoais, inclusive nas ocasiões em que tem que promover ajustes no percurso de cada agente.

Ao exercer liderança na comunidade, trazendo as famílias e demais setores da comunidade para a escola, a direção promove o sentido de responsabilidade e de cuidado com um bem comum a todos (a educação), fortalece os laços de confiança com os responsáveis pelas crianças com necessidades especiais e faz com que a escola caminhe para cumprir os seus objetivos (Brasil, 2004, p. 13).

Práticas pedagógicas: professor – desenvolvimento profissional

A sala de aula é um espaço complexo, em que professor e aluno interagem constantemente na busca da articulação de conhecimento, gestão de organização do tempo, confrontação de valores e construção de normas e regras. Dentro desse processo, a individualidade de cada um dialoga com a necessidade de respeito à diversidade.

A escola inclusiva necessita de professores qualificados e capazes de planejar e tomar decisões, refletir sobre a sua prática e trabalhar em parceria para oferecer respostas adequadas a todos os sujeitos que convivem numa escola. Portanto, não basta a titulação. A formação dos profissionais é essencial para a melhoria do processo de ensino e para o enfrentamento das diferentes situações que a tarefa de ensinar implica.

O professor, pela própria identidade de gestor que o seu trabalho lhe concede, desenvolve um processo permanente de aprendizado, vistos os desafios inerentes à sua profissão. Mas os problemas da prática profissional docente não estão somente relacionados ao nível de conhecimento teórico do professor. Ela comporta questões de grande complexidade articuladas ao macrocontexto, como visto no item anterior.

A escola que pretende ser inclusiva deve também proporcionar formação continuada a todos os profissionais envolvidos no contexto educacional, pois eles necessitam de suporte técnico-científico para refletir sobre a prática educacional cotidiana.

A Declaração de Salamanca (1994, p. 37) esclarece que "a preparação adequada de todos os profissionais da educação é [...] um dos fatores-chaves para propiciar a mudança".

Esse trabalho promove, além da bagagem teórica (saber), a capacidade crítica e reflexiva (saber fazer), pois "a formação contínua deve alicerçar-se 'na prática e sobre a prática'", defende, com propriedade, Nóvoa (2002, p. 64).

Segundo o mesmo autor (2002, p. 37), a formação contínua dos profissionais envolvidos com o processo de inclusão de alunos com necessidades educativas especiais prevê uma nova "profissionalidade docente", que contribui em dois eixos que, embora distintos, são interdependentes. O primeiro refere-se ao desenvolvimento profissional, que deve ser estimulado em uma perspectiva crítica e reflexiva que forneça os meios para o desenvolvimento de um pensamento autônomo e facilite as dinâmicas de autoformação participativa. O segundo eixo repercute na organização escolar, pois não trata de um profissional isolado, mas sim de um professor inserido num contexto educacional que está acolhendo novos processos, articulados com o projeto da escola (Nóvoa, 2002, p. 37). Deve-se garantir suporte aos profissionais da escola, evitando que cada um busque soluções de forma solitária, por iniciativa pessoal. Além disso, gradativamente deve-se fortalecer a cultura de que a resolução de problemas no ensino é responsabilidade da gestão.

A capacitação para o professor do ensino regular que recebe alunos com necessidades educativas especiais em sua sala de aula pode ocorrer em serviço. Duas soluções interessantes são a interação com formadores de ensino a distância e o aproveitamento de técnicas de autoaprendizagem (Declaração de Salamanca, 1994, p. 38). Outras fontes de capacitação que se podem destacar são: instituições de formação de professores, centros especializados que dão apoio direto a crianças com necessidades educativas especiais e profissionais especializados de distintos organismos, departamentos e instituições, como consultores e psicólogos escolares, fonoaudiólogos e reeducadores, entre outros. É fundamental valorizar o conhecimento de todos os profissionais da educação para que o processo de inclusão seja bem-sucedido.

Os Referenciais para Construção de Sistemas Educacionais Inclusivos apontam que o suporte técnico para os profissionais deve ser dado pela Coordenação Pedagógica da escola (se houver), que deve ter conhecimento dos conteúdos curriculares, dos métodos de ensino, dos recursos didático-pedagógicos e estimular a criatividade do professor. Ressaltam ainda que "a coordenadora pedagógica deve ser ativa e participante no cotidiano da sala de aula, da escola e das relações com a comunidade" (Brasil, 2004, p. 23).

A busca de uma escola de qualidade para todos, como proclamam as políticas mundiais, deve estar em conexão com o desenvolvimento profissional de todas as pessoas que trabalham na escola. Esse aprimoramento é concebido como um dos principais componentes de mudança, na medida em que rompe com paradigmas já estabelecidos no sistema educacional vigente e aponta novos caminhos que podem ser trilhados, a fim de promover a autonomia social e educacional de todos os alunos.

Práticas pedagógicas: professor – currículo e adaptações curriculares

Currículo, segundo González Manjón, Ripalda Gil e Asegurado Garrido (1997, p. 61), refere-se a "um conjunto de experiências (e a sua planificação) que a escola, como instituição, põe a serviço dos alunos com o fim de potencializar o seu desenvolvimento integral". Projeta-se, portanto, como a primeira das medidas fornecidas à escola para responder adequadamente à diversidade de necessidades apresentadas pelos alunos, para ajustar-se à peculiaridade de grupos cada vez mais específicos.

A proposta curricular de uma escola inclusiva respeita as diferenças individuais de cada aluno, buscando respostas educativas às suas necessidades especiais sem deixar de atender aos demais. Tendo em vista esse objetivo, a escola não pode, segundo Mantoan (2003), simplesmente encaixar um projeto novo, no caso a inclusão, em uma velha matriz epistemológica. A mesma autora (2003, p. 61-62) alerta para o fato de que "ainda vigora a visão conservadora de que as escolas de qualidade são as que enchem as cabeças dos alunos com datas, fórmulas, conceitos justapostos, fragmentados".

Então, como conceber um currículo que responda às necessidades educativas especiais de alunos? Para potencializar as diferentes capacidades dos alunos, promover sua realização pessoal e sua inserção na sociedade, o currículo deve ser aberto e flexível, e não uma proposta acabada, com ênfase nos conteúdos conceituais, que se pretende preservar e transmitir intactos às novas gerações. Esse enfoque favorece o desenvolvimento de currículos paralelos para os alunos que não "acompanham" os currículos tradicionais. Evita-se, assim, a exclusão desses educandos e colabora-se para que a educação especial seja concebida separadamente, à parte do sistema regular de ensino.

Destacam-se, a seguir, segundo os *Ensaios pedagógicos* (Brasil, 2006), algumas características de um currículo que possibilita uma melhor resposta à diversidade:

- Os objetivos são formulados em termos de capacidades para promover o desenvolvimento integral de todos os alunos. Tanto essas capacidades quanto os conteúdos para desenvolvê-las são de natureza diversa e incluem fatos, conceitos e princípios, procedimentos, atitudes e valores.
- A formulação de objetivos é genérica, o que permite a inclusão de toda a população escolar.
- Os objetivos vêm expressos sob a forma de comportamentos concretos, o que faz com que a sua avaliação não seja direta, nem unívoca.

- Não é prescrita a ordem em que devem ser aprendidos os distintos conteúdos.

- Existem muitos objetivos e blocos de conteúdos direcionados explicitamente para a atenção e o respeito às diferenças.

Atender à diversidade implica planejar propostas concretas com essa finalidade, de tal maneira que, de acordo com os avanços demonstrados pelo aluno, seja possível especificar as intervenções didáticas considerando todas as dimensões nas quais poderiam ocorrer situações desfavoráveis. Isso quer dizer que, ainda que o currículo expresse claramente as aprendizagens consideradas essenciais e constitua-se num referencial de educação para todos os alunos, deve sofrer as adaptações necessárias para permitir ao alunado apropriar-se dessas aprendizagens nele estabelecidas.

A respeito do desenvolvimento curricular, Torres González (2002, p. 144) afirma que "se trata de construir, implantar e adaptar o currículo planejado", entendido como processual, uma vez que considera a atividade e as suas condições de realização, e não apenas os objetivos e conteúdos planejados. Assim, o projeto da escola e o currículo adquirem um caráter interativo, pois os contextos reais provocam transformações nas propostas anteriormente definidas.

Adaptações curriculares

As respostas às necessidades dos alunos devem estar previstas e respaldadas no projeto da escola, não por meio de um currículo novo, mas pela adaptação do já existente (Brasil, 1999a). Essas adaptações curriculares constituem um procedimento de ajuste gradual que se promove no planejamento escolar e pedagógico, a fim de proporcionar ajuda, recursos e medidas pedagógicas especiais ou de caráter extraordinário diferentes dos que habitualmente a maioria dos alunos requer (Brasil, 1999a). Portanto, possibilitam aos alunos aprenderem os mesmos conteúdos, mas de maneiras diferentes. Concentram-se na interação entre as necessidades dos alunos e as respostas educacionais a serem propiciadas.

Classificação das adaptações curriculares

As adaptações curriculares podem ser de grande porte, também chamadas de *significativas*, ou de pequeno porte, denominadas ainda de *não significativas*. De maneira geral, ambas podem ocorrer nas mesmas categorias, diferenciando-se, principalmente, pela instância que por elas é responsável.

Adaptações de grande porte ou significativas

Referem-se a ajustes a ser implementados no sistema educacional para acolhimento de todos, que competem à própria sociedade e/ou às instâncias político-administrativas superiores, representadas pelas secretarias estaduais e municipais de educação, pela direção das unidades escolares e pelas equipes técnicas. São necessárias porque as pessoas com deficiência fazem parte da sociedade e, portanto, têm direito de terem suas necessidades especiais atendidas.

Assim, à população cabe respeitar essas pessoas e interagir dignamente com elas; à administração municipal, por intermédio das secretarias de Educação, Saúde, Assistência Social, Trabalho, Cultura, Esporte e Lazer, Planejamento e Orçamento, entre outras, mapear e identificar suas necessidades especiais, bem como planejar e garantir os ajustes necessários para seu acolhimento social efetivo; aos profissionais de diversas áreas, como arquitetos, tradutores, advogados, implementar ações técnicas, em cooperação transdisciplinar; às próprias pessoas com deficiência e às suas famílias, frequentar o espaço comum a toda a população e explicitar suas necessidades, solicitando os recursos e serviços de que necessitam (Brasil, 1999a).

Muitas vezes, para atender às necessidades especiais do alunado, há que se promover, na escola, adaptações curriculares de grande porte. González Manjón (1995, p. 89) especifica alguns aspectos dessas adaptações indicados pelo Ministério da Educação e preconizados pelos Parâmetros Curriculares Nacionais (PCNs), no quadro a seguir, conforme os Parâmetros Curriculares Nacionais: Adaptações Curriculares (Brasil, 1999a, p. 31).

Quadro 1 – Adaptações curriculares de grande porte ou significativas

Elementos curriculares – modalidades adaptativas	
Objetivos	Eliminação de objetivos básicos; Introdução de objetivos específicos, complementares e/ou alternativos.
Conteúdos	Introdução de conteúdos específicos, complementares e/ou alternativos; Eliminação de conteúdos básicos do currículo.
Metodologia e organização didática	Introdução de métodos e procedimentos complementares e/ou alternativos de ensino e aprendizagem; Organização; Introdução de recursos específicos de acesso ao currículo.
Avaliação	Introdução de critérios específicos de avaliação; Eliminação de critérios gerais de avaliação; Adaptações de critérios regulares de avaliação; Modificações dos critérios de promoção.
Temporalidade	Prolongamento de um ano ou mais de permanência do aluno na mesma série ou no ciclo (retenção).

Fonte: Brasil, 1999a.

Como vimos, as adaptações curriculares de grande porte sugerem alterações significativas nos elementos curriculares, ou seja, nos objetivos de ensino, nos conteúdos a serem ensinados, na metodologia e organização didática, na avaliação do processo de aprendizagem e também na temporalidade. Propõem a eliminação das propostas antigas e a introdução de objetivos e, consequentemente, de conteúdos não previstos para os demais alunos.

De acordo com o Projeto Escola Viva, do Ministério da Educação, (Brasil, 2000a, p. 11), a implementação de adaptações de grande porte deve:

- ser precedida de uma criteriosa avaliação do aluno, considerando sua competência acadêmica;
- fundamentar-se na análise do contexto escolar e familiar do aluno, para a busca de identificação dos elementos adaptativos necessários para o desenvolvimento do mesmo;
- contar com a participação de uma equipe de apoio multiprofissional no processo de estudo de cada caso, análise e tomada de decisão;
- ser registrada documentalmente, integrando o acervo de informações sobre o aluno;
- evitar, sempre, que as programações individuais sejam definidas, organizadas e realizadas com prejuízo para o aluno, ou seja, para o seu desempenho, promoção escolar e socialização.

É necessário enfatizar também que as adaptações curriculares de grande porte devem ser adotadas de forma muito criteriosa, especialmente aquelas que implicam supressão de conteúdos, eliminação de disciplinas ou de áreas curriculares complexas.

Adaptações de pequeno porte ou não significativas

Constituem-se em pequenos ajustes no currículo regular, realizados pelo próprio professor, no planejamento das atividades no cotidiano escolar, não requerendo autorização, nem dependendo da ação de qualquer outra instância superior, nas áreas política, administrativa e/ou técnica. Essas adaptações podem ser implementadas em diferentes momentos da ação docente, tanto na questão da promoção do acesso ao currículo, no que se refere a objetivos e conteúdos, procedimentos didáticos e atividades e processo de avaliação, quanto na questão da temporalidade (Brasil, 2000a, p. 11).

Para atender às características individuais de seus alunos na elaboração do planejamento, o professor deve considerar os seguintes aspectos, conforme o Projeto Escola Viva (Brasil, 2000a, p. 9):

- a organização do espaço e dos aspectos físicos da sala de aula;
- a seleção, a adaptação e a utilização de equipamentos e mobiliários de forma a favorecer a aprendizagem de todos os alunos;
- o planejamento das estratégias de ensino que pretende adotar em função dos objetivos

pedagógicos e consequentes conteúdos a serem abordados;
- a pluralidade metodológica tanto para o ensino como para a avaliação;
- a flexibilização da temporalidade.

O quadro a seguir especifica alguns aspectos das adaptações curriculares de pequeno porte que, segundo González Manjón (1995, p. 89), foram apontados pelo Ministério da Educação e são preconizados nos PCNs (Brasil, 1999a, p. 31).

Quadro 2 – Adaptações de pequeno porte ou não significativas

Tipo de adaptações	Descrição
Organizativas	Organização de agrupamentos;
	Organização didática;
	Organização do espaço.
Relativas aos objetivos e conteúdos	Priorização de áreas ou unidades de conteúdos;
	Priorização de tipos de conteúdos;
	Priorização de objetivos;
	Sequenciação;
	Eliminação de conteúdos secundários.
Avaliativas	Adaptação de técnicas e instrumentos;
	Modificação de técnicas e instrumentos.

(continua)

(Quadro 2 - conclusão)

Nos procedimentos didáticos e nas atividades	Modificação de procedimentos;
	Introdução de atividades alternativas às previstas;
	Introdução de atividades complementares às previstas;
	Modificação do nível de complexidade das atividades;
	Eliminação de componentes;
	Sequenciação da tarefa;
	Facilitando planos de ação;
	Adaptação dos materiais;
	Modificação da seleção dos materiais previstos.
Na temporalidade	Modificação da temporalidade para determinados objetivos e conteúdos previstos.

Fonte: Brasil, 1999a.

Os PCNs esclarecem que uma das primeiras responsabilidades do professor é promover ajustes na utilização do espaço da sala de aula, pois isso permitirá aos alunos que apresentam dificuldades de locomoção ou não possuem visão funcional movimentarem-se com segurança.

Quanto à organização didática, esta pressupõe conteúdos e objetivos de interesse do aluno, bem como a disposição física do mobiliário, de materiais didáticos e do espaço disponíveis para trabalhos diversos (Brasil, 1999b, p. 32). De acordo com a Política Nacional de Educação Especial, (Brasil, 1999b, p. 32), as adaptações relativas a objetivos e conteúdos dizem respeito:

- à priorização de áreas ou unidades de conteúdos que garantam funcionalidade e que sejam essenciais e instrumentais para as aprendizagens posteriores. Ex.: habilidades de leitura e escrita, cálculos etc.;
- à priorização de objetivos que enfatizem capacidades e habilidades básicas de atenção, participação e adaptabilidade do aluno. Ex.: desenvolvimento de habilidades sociais, de trabalho em equipe, de persistência na tarefa etc.;
- à sequenciação pormenorizada de conteúdos que requeiram processos gradativos de menor à maior complexidade das tarefas, atendendo à sequência de passos, à ordenação da aprendizagem etc.;
- ao reforço da aprendizagem e à retomada de determinados conteúdos para garantir o seu domínio e a sua consolidação;
- à eliminação de conteúdos menos relevantes, secundários para dar enfoque mais intensivo e prolongado a conteúdos considerados básicos e essenciais no currículo.

Quanto às adaptações avaliativas, referem-se à seleção dos instrumentos e técnicas para avaliar o aluno. Nesse sentido, sugere-se fazer uso de diferentes procedimentos de avaliação, adaptando-os aos diferentes estilos e possibilidades de expressão dos alunos. Pode-se, por exemplo, possibilitar que o aluno cego faça suas avaliações em Braille; nas provas escritas para o aluno surdo, considerar a fase em que se encontra no processo de aquisição da língua; promover o uso de diferentes formas de avaliação para que o aluno com movimentos comprometidos possa demonstrar seu processo de aprendizagem.

As adaptações nos procedimentos didáticos e nas atividades de ensino e de aprendizagem referem-se a como ensinar os componentes curriculares. Conforme os PCNs (Brasil, 1999a, p. 32-33), dizem respeito:

- à alteração nos métodos definidos para o ensino dos conteúdos curriculares;
- à seleção de um método mais acessível para o aluno;
- à introdução de atividades complementares que requeiram habilidades diferentes ou a fixação e consolidação de conhecimentos já ministrados – utilizadas para reforçar ou apoiar o aluno, oferecer oportunidades de práticas suplementares ou aprofundamento. São facilitadas pelos trabalhos diversificados, que se realizam no mesmo segmento temporal;
- à introdução de atividades alternativas além das planejadas para a turma, enquanto os demais colegas realizam outras atividades. É indicada nas atividades mais complexas que exigem uma sequenciação de tarefas;
- à alteração do nível de abstração de uma atividade, oferecendo recursos de apoio, sejam visuais, auditivos, gráficos, materiais manipulativos etc.;

- à alteração do nível de complexidade das atividades por meio de recursos como: eliminar partes de seus componentes (simplificar um problema matemático, excluindo a necessidade de alguns cálculos, é um exemplo) ou explicitar os passos que devem ser seguidos para orientar a solução da tarefa, ou seja, oferecer apoio, especificando passo a passo a sua realização;
- à alteração na seleção e adaptação de materiais – uso de máquina Braille para o aluno cego, calculadoras científicas para alunos com altas habilidades/superdotados etc.

Em relação às adaptações na temporalidade do processo de ensino e de aprendizagem, tanto pode ser aumentado como diminuído o tempo destinado para trabalhar com determinados objetivos e, consequentemente, conteúdos.

Adaptações curriculares específicas para atender às diferentes necessidades de alunos

Há que se recordar que as necessidades especiais não constituem um quadro único, igual para todos os alunos que as apresentam. As dificuldades podem se apresentar em diferentes níveis, desde as que se resolvem com algum suporte do professor ou de algum colega, até as que necessitam de adaptações curriculares de grande porte ou significativas.

Seguem algumas adaptações curriculares indicadas para trabalhar com alunos que apresentam visão reduzida[1]:

- cores contrastantes nos materiais didáticos, nos degraus e nas direções;
- boa iluminação em sala de aula;
- atividades ampliadas de acordo com a orientação do oftalmologista;
- cadernos de tarja larga;
- cartazes com letras grandes.

O Ministério da Educação (Brasil, 2000b, p. 13-22) indica as seguintes adaptações curriculares para trabalhar com alunos com cegueira:

- posicionar o aluno ou aluna de forma a favorecer sua possibilidade de ouvir o professor;
- dispor o mobiliário da sala de forma a facilitar a locomoção e o deslocamento e evitar acidentes quando o aluno ou aluna precisar obter materiais ou informação do professor;
- dar explicações verbais sobre todo o material abordado em sala de aula de maneira visual; ler, por exemplo, o conteúdo que escreve na lousa;

---

1 Trata-se de resíduo visual que permite ao aluno ler materiais impressos a tinta, desde que se empreguem recursos didáticos e equipamentos especiais, excetuando-se as lentes de óculos, que facilmente corrigem algumas deficiências visuais, como miopia, hipermetropia, entre outras (Brasil, 1999b, p. 16).

- oferecer suporte físico, verbal e instrucional para a locomoção do aluno ou aluna, no que se refere à orientação espacial e à mobilidade;
- utilizar os recursos e materiais adaptados disponíveis: pranchas, presilhas para evitar o deslizamento do papel na carteira, lupa, material didático de tipo ampliado, livro falado, equipamento de informática, materiais desportivos como bola de guizo etc.
- fazer uso de sinal tátil para sinalizar degraus e/ou direção.

Para atender às necessidades especiais de alunos com surdez, conforme o Projeto Escola Viva (Brasil, 2000b, p. 13-22), as sugestões são as seguintes:

- posicionar o aluno na sala de aula de forma que possa ver os movimentos do rosto (orofaciais) do professor e de seus colegas;
- utilizar a escrita e outros materiais visuais para favorecer a apreensão das informações abordadas verbalmente;
- utilizar os recursos e materiais adaptados disponíveis: treinador de fala, tablado, *softwares* educativos, solicitar que o aluno use a prótese auditiva etc;
- utilizar textos escritos complementares com elementos que favoreçam sua compreensão: linguagem gestual, língua de sinais;
- apresentar referências importantes e relevantes sobre um texto (o contexto

histórico, o enredo, os personagens, a localização geográfica, a biografia do autor etc.) em língua de sinais, oralmente, ou utilizando outros recursos, antes de sua leitura;

- promover a interpretação de textos por meio de material plástico (desenho, pintura, murais etc.) ou de material cênico (dramatização e mímica);
- utilizar um sistema alternativo de comunicação adaptado às possibilidades e necessidades do aluno: língua de sinais, leitura orofacial, linguagem gestual etc.

Quanto às necessidades especiais de alunos com deficiência intelectual, segundo o Projeto Escola Viva (Brasil, 2000b, p. 13-22), as sugestões são:

- posicionar o aluno ou aluna de forma que possa obter a atenção do professor;
- estimular o desenvolvimento de habilidades de comunicação interpessoal;
- encorajar a ocorrência de interações e o estabelecimento de relações com o ambiente físico e de relações sociais estáveis;
- estimular o desenvolvimento de habilidades de autocuidado;
- estimular a atenção do aluno e aluna para as atividades escolares;
- estimular a construção de crescente autonomia do aluno, ensinando-o a pedir as informações de que necessita, a solicitar

ajuda, enfim, a se comunicar com as demais pessoas de forma que estas sejam informadas de sua necessidade e do que esteja necessitando;
- Oferecer um ambiente emocionalmente acolhedor para todos os alunos.

Quanto às necessidades especiais de alunos com deficiência física, segundo o Projeto Escola Viva (Brasil, 2000b, p. 13-22), as sugestões são:

- posicionar o aluno ou aluna de forma a facilitar-lhe o deslocamento na sala de aula, especialmente no caso dos que utilizam cadeiras de rodas, bengalas, andadores etc.;
- utilizar recursos ou equipamentos que favoreçam a realização das atividades propostas em sala de aula: pranchas para escrita, presilhas para fixar o papel na carteira, suporte para lápis (favorecendo a preensão), presilha de braço, cobertura de teclado etc.;
- utilizar os recursos ou equipamentos disponíveis que favoreçam a comunicação dos que estiverem impedidos de falar: sistemas de símbolos (livro de signos, desenhos, elementos pictográficos, ideográficos e/ou outros, arbitrários, criados pelo professor juntamente com o aluno ou criados no ambiente familiar etc.), auxílios físicos ou técnicos (tabuleiros de comunicação, sinalizadores mecânicos, tecnologia de informática);

- utilizar textos escritos complementados por material em outras linguagens e sistemas de comunicação (desenhos, fala etc.).

Para trabalhar as necessidades especiais de alunos com alta habilidade/superdotação, segundo o Projeto Escola Viva (Brasil, 2000b, p. 13-22), as sugestões são:

- explicitar e discutir a respeito de sentimentos de superioridade, de rejeição dos demais colegas e de isolamento, favorecendo a instalação de um clima mais favorável para a ocorrência de interações e o estabelecimento de relações sociais estáveis;
- explicitar e discutir a respeito de sentimentos de mágoa e comportamento de esquiva dos colegas, com o mesmo objetivo do item anterior;
- explicitar o envolvimento em atividades cooperativas;
- estimular a persistência na tarefa;
- estimular o desenvolvimento de pesquisas.

Entende-se que o aluno que necessita de adaptações curriculares (ações, recursos e medidas pedagógicas) deve participar do processo de escolha e decisão, ou seja, trata-se de um processo bilateral de eficiência cooperante entre aluno e professor.

Pode-se afirmar, portanto, que o desenvolvimento curricular no âmbito da resposta à diversidade fundamenta-se na concepção de currículo como processo. O ensino deve ser concebido como uma intervenção crítico-reflexiva, que requer compreensão da realidade de cada contexto escolar, e não reduzido ao planejamento e aplicação de técnicas consideradas eficazes e generalizáveis. Vale ressaltar ainda que as decisões sobre os conteúdos, os objetivos, a avaliação e os demais componentes têm caráter ético-político, e não exclusivamente técnico.

Tendo em vista as considerações acima, é importante realizar um projeto curricular aberto e flexível, que permita mudanças e transformações em função de determinados contextos escolares.

É importante que o professor(a):

- acolha todo aluno, independentemente de suas necessidades especiais, pois esse é o primeiro passo para promover o acesso curricular aos alunos com necessidades educativas especiais no contexto escolar;
- observe atentamente o seu aluno, a fim de identificar os conhecimentos de que já dispõem em relação com os conteúdos a serem trabalhados e quais adaptações curriculares serão necessárias para a ampliação e aquisição de novos conhecimentos;
- use sua criatividade para criar diferentes maneiras de promover a aprendizagem de seus alunos;
- promova os ajustes que sejam necessários para atender às características específicas dos diferentes alunos em seu processo de aprender e construir conhecimento.

Síntese

Neste capítulo, foi discutida a gestão escolar, o desenvolvimento profissional do professor e o currículo como fator de mudança para atender à diversidade de alunos, na tentativa de gerar respostas aos desafios educativos de uma escola de qualidade para todos.

Indicação cultural

BRASIL. Ministério da Educação. Secretaria de Educação Fundamental. *Parâmetros Curriculares Nacionais*: adaptações curriculares – estratégias para a educação de alunos com necessidades especiais Brasília, 1999. Disponível em: <http://www.fisica.uepg.br/licenciatura/files/Download/Downloads_PCN.PDF>. Acesso em: 10 dez. 2009.

Leia o documento com o objetivo de apoiar os sistemas de ensino para procederem às adaptações curriculares necessárias em seu contexto educativo para atender a todos os alunos.

Atividades de autoavaliação

1 Assinale V para as alternativas verdadeiras e F para as falsas e, em seguida, marque a alternativa que corresponde à ordem correta.

As adaptações curriculares constituem-se em:

( ) procedimentos de ajuste gradual que se promovem no planejamento escolar e pedagógico, a fim de proporcionar ajuda, recursos e medidas pedagógicas de caráter permanente aos alunos com necessidades especiais.

( ) procedimentos de ajuste que se promovem no planejamento escolar e pedagógico, a fim de proporcionar ajuda, recursos e medidas pedagógicas especiais ou de caráter extraordinário diferentes dos que a maioria dos alunos requer habitualmente.

( ) materiais didáticos adaptados que as escolas devem manter em acervo para atender aos alunos com necessidades educativas especiais.

( ) procedimentos de ajuste para promover a interação entre as necessidades dos alunos e as respostas educacionais a serem promovidas.

a. V, F, V, F
b. F, V, F, V
c. F, F, V, V
d. V, V, F, F

2 Assinale a alternativa *incorreta*.
A escola inclusiva é:

a. uma escola que atende a todos, respeita as diferenças individuais de cada aluno e encontra respostas educativas às suas necessidades especiais, sem deixar de atender aos demais alunos.

b. uma escola democrática, acolhedora, aberta e flexível em que existem mecanismos de seleção para o acesso e a permanência com sucesso de todos os alunos.

c. uma escola que não evidencia as diferenças e alicerça o trabalho pedagógico nas necessidades individuais de seus alunos.

d. uma escola que promove as adaptações curriculares necessárias para que os alunos possam apropriar-se de determinados conteúdos da nossa cultura.

3 Assinale V para as alternativas verdadeiras e F para as falsas e depois marque a alternativa que corresponde à ordem correta.

Segundo Torres González (2002), as dimensões organizativas do desenvolvimento profissional e curricular possibilitam:

( ) à escola redimensionar alguns aspectos de sua dinâmica interna para melhor atender a todos os alunos.

( ) compreender que o processo de inclusão de alunos com necessidades especiais na escola deve estar centrado exclusivamente nas adaptações curriculares que o professor faz em sala de aula.

( ) defender a formação dos profissionais da educação como essencial para a melhoria do processo de ensino e para o enfrentamento das diferentes situações que a tarefa de educar implica.

( ) entender que a proposta pedagógica da escola explicita as flexibilizações curriculares para viabilizar o processo de inclusão.

a. V, F, V, V

b. F, V, F, V

c. F, F, V, V

d. V, V, F, F

4 Assinale V para as alternativas verdadeiras e F para as falsas e depois marque a alternativa que corresponde à ordem correta.
González Manjón (1995) destaca quatro características organizativas que podem favorecer uma escola inclusiva. São elas:

( ) Relações interpessoais, flexibilidade, gestão escolar e funcionalidade.

( ) Flexibilidade, funcionalidade, participação no planejamento educativo e comunicação objetiva.

( ) Participação no planejamento educativo, instabilidade profissional, flexibilidade e gestão escolar.

( ) Agrupamentos homogêneos, participação no planejamento educativo, flexibilidade e gestão escolar.

a. V, F, V, F

b. F, V, F, F

c. F, F, V, V

d. V, V, F, F

5 Assinale V para as proposições verdadeiras e F para as falsas e, em seguida, marque a alternativa que corresponde à ordem correta.

As adaptações curriculares podem ser classificadas em adaptações curriculares de grande porte e em adaptações curriculares de pequeno porte.

( ) As adaptações curriculares de grande porte são também denominadas de *adaptações significativas*.

( ) As adaptações curriculares de pequeno porte constituem-se em ajustes que alteram de forma expressiva os elementos curriculares;

( ) As adaptações curriculares de pequeno porte são também denominadas de *adaptações não significativas*.

( ) As adaptações curriculares de grande porte constituem-se em ajustes mínimos no currículo regular, realizados pelo próprio professor.

a. V, F, V, F

b. F, V, F, V

c. F, F, V, V

d. V, V, F, F

Questões para reflexão

1 Leiam, em grupo atentamente o texto do capítulo 4 e discutam com os colegas:

   a. Que barreiras vocês encontram/encontraram nos diferentes contextos (escola, trabalho, igreja, lazer, comércio, entre outros) de que participam?
   b. Que fatores originaram essas barreiras?
   c. Que modificações seriam necessárias para que todos tivessem acesso a esses espaços? Justifiquem.

2 Apresentem um relatório do trabalho aos outros grupos, ressaltando as modificações que consideram importantes para tornar esses espaços inclusivos.

3 Terminadas as atividades anteriores, realizem um debate com seus colegas de grupo, refletindo sobre as modificações que consideram importantes para tornar esses espaços inclusivos.

4 Elaborem um texto indicando como podem colaborar para tornar os espaços em que transitam mais inclusivos.

Considerações finais

A sala de aula é um espaço complexo em que professor e aluno interagem constantemente na busca de conhecimentos, gestão de organização do tempo, confrontação de valores e construção de normas e regras. Dentro desse processo, a individualidade dialoga com a necessidade do respeito à diversidade.

Diante dessa realidade, é importante que o professor esteja em permanente processo de aprendizado, visto os desafios inerentes à sua atuação. Deve-se reconhecer que os problemas da prática profissional docente não estão meramente alicerçados nos conhecimentos teóricos do professor. Essa prática comporta também questões de um terreno de grande complexidade articuladas ao macrocontexto.

O fato de crianças e jovens com diferentes possibilidades frequentarem os mesmos espaços escolares exige do professor, como agente que promove a aprendizagem, atuar com base em uma pedagogia centrada no aluno, e não no conteúdo, com ênfase na aprendizagem e não apenas no ensino, que desloque o eixo da ação pedagógica do ensinar para o aprender. Isso não se refere apenas à aprendizagem do aluno, mas também a dele próprio, pois é elemento integrante do processo educativo.

Nessa vertente, Nóvoa (2002, p. 64) defende a ideia de que "a formação contínua deve alicerçar-se 'na prática e sobre a prática', através de dinâmicas de investigação-ação e de investigação-formação, valorizando os saberes de que os professores são portadores", e de que essa formação promova, além da bagagem teórica (saber), sua capacidade crítica e reflexiva (saber fazer).

Referências

BAGNO, M. *Pesquisa na escola*: o que é, como se faz. 13. ed. São Paulo: Loyola, 2003.

BAUTISTA JIMÉNEZ, R. (Coord.). *Necessidades educativas especiais*. Lisboa: Dinalivro, 1997.

BERGAMO, R. B.; ROMANOWSKI, J. P. Concepções de professores sobre a disciplina de psicologia da educação na formação docente. *UNIRevista*, Rio Grande do Sul, v. 1, n. 2, abr. 2006. Disponível em: <http://www.unirevista.unisinos.br/_pdf/UNIrev_Bergamo_e_Romanovski.pdf>. Acesso em: 23 nov. 2009.

BRASIL. Constituição (1988). *Diário Oficial da União*, Brasília, DF, 5 out. 1988. Disponível em: <http://www.planalto.gov.br/ccivil_03/Constituicao/Constituiçao.htm>. Acesso em: 23 nov. 2009.

_____. Decreto n. 3.956, de 8 de outubro de 2001. *Diário Oficial da União*, Poder Legislativo, Brasília, DF, 9 out. 2001a. Disponível em: <http://www.planalto.gov.br/ccivil/decreto/2001/D3956.htm>. Acesso em: 23 nov. 2009.

_____. Lei n. 8.069, de 13 de julho de 1990. *Diário Oficial da União*, Poder Legislativo, Brasília, DF, 16 jul. 1990. Disponível em: <http://www.planalto.gov.br/ccivil/leis/L8069.htm>. Acesso em: 23 nov. 2009.

BRASIL. Lei n. 9.394, de 20 de dezembro de 1996. *Diário Oficial da União*, Poder Legislativo, Brasília, DF, 23 dez. 1996. Disponível em: <http://www.planalto.gov.br/CCIVIL/Leis/L9394.htm>. Acesso em: 23 nov. 2009.

_____. Lei n. 10.172, de 9 de janeiro de 2001. *Diário Oficial da União*, Poder Legislativo, Brasília, DF, 10 jan. 2001b. Disponível em: <https://www.planalto.gov.br/ccivil_03/leis/leis_2001/l10172.htm>. Acesso em: 23 nov. 2009.

BRASIL. Ministério da Educação. Conselho Nacional de Educação. Resolução CNE/CEB n. 2, de 11 de fevereiro de 2001. Relator: Francisco Aparecido Cordão. *Diário Oficial da União*, Brasília, DF, 12 fev. 2001c. Disponível em: <http://portal.mec.gov.br/seesp/arquivos/pdf/res2_1.pdf>. Acesso em: 23 nov. 2009.

_____. Resolução CNE/CP n. 1, de 18 de fevereiro de 2002a. Relator: Ulysses de Oliveira Panisset. *Diário Oficial da União*, Brasília, DF, 19 fev. 2002a. Disponível em: <http://portal.mec.gov.br/seesp/arquivos/pdf/res1_2.pdf>. Acesso em: 23 nov. 2009.

_____. Resolução CNE/CP n. 2, de 19 de fevereiro de 2002. Relator: Ulysses de Oliveira Panisset. *Diário Oficial da União*, Brasília, DF, 20 fev. 2002b. Disponível em: <http://portal.mec.gov.br/seesp/arquivos/pdf/res2_2.pdf>. Acesso em: 23 nov. 2009.

_____. Resolução CEB n. 2, de 11 de setembro de 2001. Relator: Francisco Aparecido Cordão. *Diário Oficial da União*, Brasília, DF, 11 set. 2001d. Disponível em: <http://portal.mec.gov.br/arquivos/pdf/resolucao2.pdf>. Acesso em: 21 set. 2001.

_____. Resolução CFE n. 2, de 24 de fevereiro de 1981. *Diário Oficial da União*, Brasília, DF, 25 fev. 1981. Disponível em: <http://portal.mec.gov.br/seesp/arquivos/pdf/res2_81.pdf>. Acesso em: 23 nov. 2009.

BRASIL. Ministério da Educação. Secretaria de Educação Especial. *Educação inclusiva*: a escola. v. 3. Brasília, 2004. 26 p. Disponível em: <http://portal.mec.gov.br/seesp/arquivos/pdf/aescola.pdf>. Acesso em: 23 nov. 2009.

BRASIL. Ministério da Educação. Secretaria de Educação Especial. Ensaios pedagógicos. In: SEMINÁRIO NACIONAL DE FORMAÇÃO DE GESTORES E EDUCADORES, 3., 2006. Brasília. *Anais eletrônicos*... Disponível em: <http://portal. mec.gov.br/seesp/arquivos/pdf/ensaiospedagogicos2006.pdf>. Acesso em: 23 nov. 2009.

_____. *Parâmetros Curriculares Nacionais*: Adaptações Curriculares – Estratégias para a Educação de Alunos com Necessidades Especiais. Brasília, 1999a.

_____. *Plano Nacional de Educação*: Educação Especial. Disponível em: <http://portal.mec.gov.br/seesp/arquivos/pdf/plano1.pdf>. Acesso em: 23 nov. 2009a.

_____. *Política Nacional de Educação Especial*. Brasília, 1999b.

_____. *Projeto Escola Viva*: garantindo o acesso e permanência de todos os alunos na escola – alunos com necessidades educacionais especiais. Brasília, 2000a. v. 5. Disponível em: <http://portal. mec.gov.br/seesp/arquivos/pdf/cartilha05.pdf>. Acesso em: 24 nov. 2009.

_____. *Projeto Escola Viva*: garantindo o acesso e permanência de todos os alunos na escola – alunos com necessidades educacionais especiais. Brasília: Ministério da Educação, 2000b. v. 6. Disponível em: <http://portal.mec.gov.br/seesp/arquivos/pdf/cartilha06.pdf>. Acesso em: 24 nov. 2009.

BRASIL. Ministério da Justiça. Portal do Cidadão. Secretaria Especial dos Direitos Humanos [Programação Mundial]. Disponível em: <http://www.mj.gov.br/sedh/ct/corde/dpdh/sicorde/progra_acao_mundial.asp>. Acesso em: 23 nov. 2009b.

CARVALHO, R. E. *Removendo barreiras para a aprendizagem*: educação inclusiva. Porto Alegre: Mediação, 2000.

COLL, C.; PALÁCIOS, J.; MARCHESI, A. *Desenvolvimento psicológico e educação*: psicologia da educação. Porto Alegre: Artmed, 2004. v. 2.

CORTELAZZO, I. B. de C.; ROMANOWSKI, J. P. *Pesquisa e prática profissional*: projeto da escola. Curitiba: Ibpex, 2007.

DECLARAÇÃO DE SALAMANCA. Sobre princípios, políticas e práticas na área das necessidades educativas especiais. 1994. Disponível em: <http://portal.mec.gov.br/seesp/arquivos/pdf/salamanca.pdf>. Acesso em: 24 nov. 2009.

DEMO, P. *Educar pela pesquisa*. 2. ed. Campinas: Autores Associados, 1997.

DHNET – Direitos Humanos na Internet. *Declaração Mundial sobre Educação para Todos*: Plano de Ação para Satisfazer as Necessidades Básicas de Aprendizagem. Disponível em: <http://www.dhnet.org.br/direitos/sip/onu/educar/todos.htm>. Acesso em: 24 nov. 2009.

FERREIRA, A. B. H. *Novo dicionário Aurélio da língua portuguesa*. Curitiba: Positivo, 2004.

FREIRE, P. *Pedagogia da autonomia*: saberes necessários à prática educativa. Rio de Janeiro: Paz e Terra, 2004.

GAIO, R.; MENEGHETTI, R. G. K. (Org.). *Caminhos pedagógicos da educação especial*. 3. ed. Petrópolis: Vozes, 2004.

GONZÁLEZ MANJÓN, D. (Coord.). *Adaptaciones curriculares*: guia para su elaboracion. Espanha: Aljibe, 1995.

GONZÁLEZ MANJÓN, D.; RIPALDA GIL, J.; ASEGURADO GARRIDO, A. Adaptações curriculares: guia para sua elaboração. In: BAUTISTA JIMÉNEZ, R. (Org.). *Necessidades educativas especiais*. Lisboa: Dinalivro, 1997. p. 53-82.

JANNUZZI, G. de M. *A educação do deficiente no Brasil*: dos primórdios ao início do século XXI. Campinas: Autores Associados, 2004.

LÓPEZ, F. Problemas afetivos e de conduta na sala de aula. In.: COLL, C.; PALÁCIOS, J.; MARCHESI, A. Desenvolvimento psicológico e educação: transtornos do desenvolvimento e necessidades educativas especiais. Porto Alegre: Artmed, 2004. p. 113-128. v. 3.

MACEDO, L. Ensaios pedagógicos: como construir uma escola para todos? Porto Alegre: Artmed, 2005.

MANTOAN, M. T. E. Inclusão escolar: O que é? Por quê? Como fazer? São Paulo: Moderna, 2003.

MAZZOTA, M. J. S. Educação especial no Brasil: história e políticas públicas. São Paulo: Cortez, 1996.

NÓVOA, A. Formação de professores e trabalho pedagógico. Lisboa: Educa, 2002.

PÁDUA, E. M. M. Metodologia da pesquisa: abordagem teórico-prática. 8. ed. Campinas: Papirus, 2000.

PARO, V. H. Administração escolar: introdução crítica. 10. ed. São Paulo: Cortez, 2001.

RODRIGUES, A. J. Contextos de aprendizagem e integração? Inclusão de alunos com necessidades educativas especiais. In: RIBEIRO, M. L. S.; BAUMEL, R. C. R. Educação especial: do querer ao fazer. São Paulo: Avercamp, 2003.

SACRISTÁN, J. G.; PÉREZ GOMEZ, A. I. Compreender e transformar o ensino. Porto Alegre: Artmed, 2000.

SASSAKI, R. Inclusão: construindo uma sociedade para todos. 2. ed. Rio de Janeiro: WVA, 1997.

SEVERINO, A. J. A formação profissional do educador: pressupostos filosóficos e implicações curriculares. Revista ANDE, São Paulo, ano 10, n. 17, p. 29-40, 1991.

STAINBACK, S.; STAINBACK, W. Inclusão: um guia para educadores. Porto Alegre: Artmed, 1999.

TORRES GONZÁLEZ, J. A. Educação e diversidade: bases didáticas e organizativas. Porto Alegre: Artmed, 2002.

Bibliografia comentada

COLL, C.; PALÁCIOS, J.; MARCHESI, A. Desenvolvimento psicológico e educação: psicologia da educação. Porto Alegre: Artmed, 2004. v. 2.

    Apresenta o desenvolvimento dos alunos com demandas educativas específicas, assim como as mudanças que devem ser realizadas nas escolas para favorecer sua educação. Aborda o significado das escolas inclusivas e os problemas que enfrentam aqueles que tentam colocá-las em prática. Discute as necessidades educativas especiais de alunos que não estão associados a algum tipo de deficiência. Aborda as diferentes deficiências e a resposta educativa que se considera adequada em aspectos como a avaliação, a mudança no currículo e a colaboração dos pais.

GAIO, R.; MENEGHETTI, R. G. K. (Org.). Caminhos pedagógicos da educação especial. 3. ed. Petrópolis: Vozes, 2004.

    A obra traz uma reflexão sobre as possibilidades do ser humano, para além das possíveis deficiências que seu corpo possa abrigar, e sobre o diálogo com as diferenças contidas nas várias áreas de conhecimento. O livro mostra o sentido da diferença e o modo de lidar com ela em sala de aula, a partir da ampliação do conceito de igualdade.

JANNUZZI, G. de M. A educação do deficiente no Brasil: dos primórdios ao início do século XXI. Campinas: Autores Associados, 2004.

Descreve e interpreta de forma sintética como se organizou a educação escolar, formal, intencional, com o fim de ministrar alguma instrução que permitisse ao alunado com limitações físicas, fisiológicas, intelectivas, mas sem doença mental, viver numa organização social como a nossa. Focaliza as diversas formas de o diferente ser percebido nos vários tempos e lugares, que repercutem na visão de si mesmo. Faz uso de documentos governamentais federais (leis, decretos, portarias, relatórios, publicações várias etc.) que orientam as decisões nacionais, as quais, porém, são executadas das mais variadas formas, em razão da nossa vastidão territorial, das especificidades locais, do grau variado de conhecimento e de interpretação da realidade.

SASSAKI, R. Inclusão: construindo uma sociedade para todos. 2. ed. Rio de Janeiro: WVA, 1997.

O autor trata a questão da inclusão social de pessoas que, em caráter temporário, intermitente ou permanente, apresentam necessidades especiais decorrentes de sua condição atípica e que, por essa razão, estão enfrentando barreiras para tomar parte ativa na sociedade com oportunidades iguais às da maioria da população.

STAINBACK, S.; STAINBACK, W. Inclusão: um guia para educadores. Porto Alegre: Artmed, 1999.

O livro apresenta em cada um de seus capítulos uma resposta, uma sugestão, uma novidade, enfim, uma provocação, dos seus organizadores e colaboradores. Mas as ideias, as situações práticas que os autores nos apresentam constituem muito mais do que um guia para os educadores concretizarem a inclusão: trata-se de material de grande valor e utilidade, rico em possibilidades e de transformação das escolas em suas dimensões pedagógicas, culturais, sociais e humanitárias.

TORRES GONZÁLEZ, J. A. *Educação e diversidade*: bases didáticas e organizativas. Porto Alegre: Artmed, 2002.

A proposição central desta obra é a educação na e para a diversidade, que demanda uma nova organização educacional, uma nova formação docente e a criação de uma cultura normatizadora. Focaliza formas de se colocar em prática uma escola em que as diferenças são levadas em conta, favorecendo a aprendizagem integral e a cidadania de todos os alunos.

Respostas

Capítulo 1

Atividades de autoavaliação

1. a   2. b   3. c   4. d   5. b

Questões para reflexão

Maior conhecimento da realidade escolar; reflexão sobre a sua ação docente; busca de respostas educativas efetivas.

Capítulo 2

Atividades de autoavaliação

1. a   2. b   3. b   4. d   5. b

Questões para reflexão

1.
   a. As dificuldades enfrentadas em sala de aula são as mais diversas, desde o número de alunos na turma, falta de pedagogo na escola, formação continuada incompatível com a necessidade atual, entre outras.
   b. Entre outras sugestões, destacam-se o apoio da equipe pedagógica da escola, a participação da comunidade e a formação continuada.

2. Resposta pessoal.

Capítulo 3

Atividades de autoavaliação

1. a   2. d   3. a   4. b   5. b

Questões para reflexão

1.
   a. Democrática (atender a todos os alunos); flexível (adaptar-se às necessidades dos alunos); acolhedora (respeitar as diferenças de cada criança).
   b. Resposta pessoal.

2. Resposta pessoal.

Capítulo 4

Atividades de autoavaliação

1. b 2. b 3. a 4. b 5. a

Questões para reflexão

1.
   a. Escadas, banheiros comuns, balcões altos (comércio, bancos e lojas), entre outros.
   b. A concepção de que todas as pessoas são iguais.
   c. Rampas, banheiros adaptados, balcões baixos, entre outras adaptações. A justificativa seria o respeito às necessidades de cada indivíduo.

2. Resposta pessoal.

3. Resposta pessoal.

4. Resposta pessoal.

Sobre a autora

Regiane Banzzatto Bergamo é natural de Curitiba, Paraná. Mestre em Educação pela Pontifícia Universidade Católica do Paraná (PUC-PR), atua como pedagoga desde 1978, trabalhando com educação infantil e ensino fundamental em escolas públicas. Atuou como docente na PUC-PR, nos cursos de Pedagogia, Letras, Educação Física, Matemática, Biologia e Filosofia, e atualmente leciona na Faculdade Internacional de Curitiba (Facinter), nos cursos de Pedagogia e de pós-graduação em Educação Especial. Respondeu pelas funções de gerente de educação especial e coordenadora pedagógica em um dos núcleos regionais de educação da Prefeitura Municipal de Curitiba. Atualmente, desenvolve em conjunto com uma equipe multidisciplinar um trabalho de avaliação diagnóstica psicoeducacional e de atendimento terapêutico-educacional em um centro municipal especializado em educação especial. Coordena, na Facinter, os cursos de pós-graduação em Educação Especial e Educação Inclusiva, além do curso de Psicopedagogia Clínica e Institucional.

Impressão: SERZEGRAF
Maio/2016